Sedução Astral

Jacqueline Cordeiro & Titta Aguiar

Sedução Astral

Manual de Astrologia, moda e comportamento para conquistar seu par perfeito

© 2013 – Jacqueline Cordeiro e Titta Aguiar
Direitos em língua portuguesa para o Brasil:
Matrix Editora - Tel. (11) 3868-2863
www.matrixeditora.com.br

Diretor editorial
Paulo Tadeu

Capa e diagramação
Daniela Vasques

Fotos: Shutterstock

Foto das autoras: Sérgio Caddah

Cabelo e maquiagem: Vagner Domingos

Dados Internacionais de Catalogação na Publicação (CIP)
SINDICATO NACIONAL DOS EDITORES DE LIVROS, RJ

Cordeiro, Jacqueline
    Sedução astral: manual de astrologia, moda e comportamento para conquistar seu
par perfeito / Jacqueline Cordeiro, Titta Aguiar. - 1. ed. - São Paulo: Matrix, 2013.
    192 p.; 23 cm.

    1. Horóscopos. 2. Astrologia. I. Aguiar, Titta. II. Título.

13-05198

CDD: 133.54
CDU: 133.52

Para Nestor, Ariel e Aron pelo amor,
luz e risos que injetam em minha vida!

Jacqueline Cordeiro

A todos os Romeus e Julietas espalhados por este
mundo afora à procura de seu par perfeito.

Titta Aguiar

*Eu sou mística, astró loga,
mensageira de ideias,
guerreira da luz, viajante
cósmica e visionária.
Qualquer outro título
não me vibra na alma.*

Jacqueline Cordeiro

PREFÁCIO

"Quero ser bonita, interessante, atraente."

"Quero ser bonita por dentro e por fora."

Quem não quer?

E o que fazer?

As amigas Jacqueline Cordeiro e Titta Aguiar sugerem aqui, numa combinação de astral e moda, alguns caminhos possíveis, sem complicação, para um efeito de sedução sutil, discreto e eficiente.

De minha experiência de vida, agitada socialmente, preenchida profissionalmente e – sem modéstia – bem-sucedida pessoalmente, tenho o privilégio de escrever este rápido prefácio na certeza de lhe sugerir um tempo de leitura prazeroso, informativo e de fácil compreensão.

De que adianta uma bela roupa e pouca atitude?
De que adianta uma produção incrível e muita insegurança?
A aquariana Jacqueline e a virginiana Titta, estudiosas da Astrologia e da história da moda, compartilham suas experiências com sabedoria e alegria e nos dão dicas preciosas.

Produzo-me bem (produzir-se: tornar-se atraente aos outros e estar feliz consigo mesma), apelo aos astros e aí... um lindo dia, princesa!
À leitura, bela companheira.

Marina de Sabrit

SUMÁRIO

Introdução
Está escrito nas estrelas............15

Capítulo 1
Conceitos básicos de astrologia............17

Capítulo 2
Elementos sexuais............19

Capítulo 3
Signos............23

    Áries......27

    Touro......41

    Gêmeos......55

    Câncer......69

    Leão......83

    Virgem......95

    Libra......109

    Escorpião......123

    Sagitário......137

    Capricórnio......149

    Aquário......163

    Peixes......177

Quem olha para fora sonha.
Quem olha para dentro acorda.

Carl Jung
Sol em Leão, Lua em Touro,
ascendente em Aquário.

INTRODUÇÃO

ESTÁ ESCRITO NAS ESTRELAS

A Astrologia é uma ciência que nos ensina a ler as estrelas. Que nos transmite a sabedoria que elas contêm. Podemos aprender sobre nós, sobre o outro e sobre o que necessitamos sem sequer olhar para o céu, para as estrelas. Ela reflete a jornada de nossa alma nesta existência.

Nosso coração pede amor, carinho, afeto, solidariedade, apoio, cuidado, respeito e paixão. Na Astrologia podemos saber quem pode nos dar ou não tudo isso.

Ela é nosso melhor GPS, ajudando em nossa vida afetiva, profissional e sexual. Explica-nos por que temos tanta atração por um leonino. Ou por que um capricorniano nos tira do chão. Ou por que comemos na mão de um ariano. E assim vai, passando em cada signo.

Acredite: os astros têm explicações para todos eles.

Quando "escutamos" as estrelas, descobrimos que o amor e a paixão podem estar na próxima esquina!

Examinar como são os 12 signos nos quesitos amor, afeto e sexualidade, do arrebatado ariano ao romântico pisciano, revelará o que agrada e desagrada em cada signo e também o que eles querem na cama e como se comportam nela. E como um detalhe de uma peça de roupa bem escolhida – de acordo com o que pode chamar a atenção desse signo – pode fazer a diferença entre ser ou não notado.

Jacqueline Cordeiro

I

CONCEITOS BÁSICOS DE ASTROLOGIA

A Astrologia se baseia no movimento dos astros – podemos imaginar como se no céu houvesse um grande relógio com o qual estamos sincronizados. Ela é uma arte-ciência milenar. Oferece mecanismos de autoconhecimento, como também aponta caminhos e situações que podem melhorar nossa vida em todos os sentidos: profissional, afetivo, familiar e nas parcerias em geral. Através do Mapa Astral, instrumento básico de análise da personalidade, somos capazes de saber quais os caminhos mais seguros e melhores para nossa vida. O Mapa Astral pode revelar nossos sonhos e anseios, nossas ilusões, desafios e ideais.

O Zodíaco se divide em 12 setores (casas) e em 4 elementos: Terra, Ar, Fogo e Água. Se soubermos a que elemento pertence nosso signo solar, poderemos tomar consciência de nós mesmos e, dessa forma, nos relacionar com os demais com mais facilidade. Cada elemento enfoca uma tendência a partir de um ângulo distinto.

> ## FOGO
> Simboliza a **intuição**. É o elemento responsável por trazer a dinâmica de ação ao Zodíaco (***Áries, Leão e Sagitário***).

> ## TERRA
> Simboliza a **sensação**. Esse é o elemento responsável por todos os sentidos físicos de uma pessoa (**Touro, Virgem e Capricórnio**).

> ## AR
> Simboliza o **intelecto**. Com esse elemento o Zodíaco percebe o mundo mental e racional (**Gêmeos, Libra e Aquário**).

> ## ÁGUA
> Simboliza a **emoção**. É por meio desse elemento que encontramos a sensibilidade e o universo não visível (**Câncer, Escorpião e Peixes**).

A maior parte das pessoas sabe seu signo solar e algumas qualidades associadas a ele. No entanto, os signos do Zodíaco devem ser entendidos como um todo, como uma sequência de símbolos que descrevem 12 fases de um ciclo de evolução.

Na Astrologia, por meio dos planetas Vênus e Marte, sabemos o tipo específico de companheiro afetivo e sexual que nos atrai. Ela nos mostra a fortaleza, a fraqueza ou a timidez em nosso impulso sexual. Indica a atividade sexual que mais nos atrai e ilustra também nossas fantasias sexuais. A posição da Lua revela o lado emocional e os sentimentos íntimos que determinam sutilmente nossos relacionamentos.

II

ELEMENTOS SEXUAIS

Cada elemento tem um enfoque sexual e afetivo distinto. Para os signos de terra, o orgasmo é uma sensação física, já que estão ligados ao corpo e às sensações físicas. Para os de fogo, uma troca de energia, pois sua ligação é espiritual. Para os de água, é uma experiência emocional profunda e em que as emoções falam mais alto. E para os signos de ar, altos papos com o intelecto dirigem a cena afetivo-sexual.

COMO CADA ELEMENTO ENFOCA O SEXO E O AMOR

FOGO (Áries, Leão e Sagitário)
São tempestuosos e apaixonados, propensos a puro desejo e ao sexo sem tabus. Preferem vida afetiva sem complicação, espontânea e divertida. Dificilmente confundem desejo com amor.

TERRA (Touro, Virgem e Capricórnio)
São sensuais, carinhosos e físicos. O contato corpo a corpo tende a ser libidinoso e puramente romântico. Mas esse ato é casto e precisa de lenta sedução. Tudo a seu tempo, sem pressa.

AR (Gêmeos, Libra e Aquário)
São comunicadores e amam jogar. Preferem a estimulação verbal à erógena. Querem falar de sexo e de amor, e gostam da

ideia do sexo, mas às vezes não satisfazem suas necessidades, já que seu impulso sexual se distrai com muita facilidade. São as "borboletas" afetivas do Zodíaco.

ÁGUA (Câncer, Escorpião e Peixes)
São sentimentais e sensíveis, além de muito sutis. Anseiam por uma relação romântica com a pessoa amada. São os mais fáceis de serem iludidos, já que acabam se encantando por castelos de areia.

ELEMENTOS E SUAS ORIENTAÇÕES

FOGO – excitável
Na hora do sexo, os signos de fogo são ativos, diretos e cheios de paixão ardente. A expressão de seu desejo pode ser tão evidente que outros signos mais delicados (água, por exemplo) podem achá-los meio brutos ou grosseiros.
Sociáveis, fáceis de contatar e sedutores. Representam pessoas ardentes que desfrutam da alegria e de uma boa risada. Intensas declarações de amor eterno podem assustá-los, já que amam a liberdade.

TERRA – sensual
Mais importante que o sexo, para eles, é a sensualidade. Por isso são os que mais investem nas preliminares. São *experts* em oferecer uma noite de paixão a seu parceiro.
Há um conflito entre sua necessidade de segurança e rotina com sua poderosa libido, algo que pode fazer com que enfoque o sexo como algo puramente mecânico. Seu forte apetite sexual combinado com sua sedução sensual o torna um amante poderoso.

AR – imaginativo
Sua atração afetiva/sexual passa muito por sua orelha, ou seja, o que ouve ou fala faz muita diferença na sua excitação. É muito intelectual, sua mente é viva, inquieta e curiosa.

A forma mais eficaz de convencer esses ávidos comunicadores do Zodíaco para que mostrem seus dotes inventivos na cama é falando e ouvindo. Cerebrais ao extremo, elevam as preliminares verbais ao patamar mais elevado no sexo. A comunicação mental é tão importante aqui quanto a atração física.

ÁGUA – romântico
São os mais suaves, doces, discretos e dissimulados do Zodíaco. Amar e compartilhar sentimentos é mais importante que o sexo em si. Preferem o amor ao ardor da paixão desenfreada (exceto o passional escorpiano).
Faz com que seu parceiro se sinta amado, compreendido e completamente satisfeito.

MASCULINO X FEMININO

Os signos de fogo e ar representam a energia masculina e os signos de água e terra, a feminina. A energia masculina é a Yang, e representa a extroversão e a agressividade da natureza humana. A energia feminina é o Yin, e está ligada à receptividade e à passividade da natureza humana.

INCOMPATIBILIDADES ASTRAIS

Os signos de **fogo** (Áries, Leão e Sagitário) não se misturam facilmente com os signos de **água** (Câncer, Escorpião e Peixes). Os de fogo consideram os de água muito emotivos e sensíveis. Por outro lado, os de água consideram os de fogo rudes e insensíveis.

Signos de **ar** (Gêmeos, Libra e Aquário) e de **terra** (Touro, Virgem, Capricórnio) criam combinações no mínimo desafiadoras. Os de terra considerarão os de ar desapegados e muito impessoais. Já os de ar acham que os de terra são conservadores e limitados demais.

QUALIDADES: CARDINAIS, FIXOS E MUTÁVEIS

As qualidades (cardinais, fixos e mutáveis) indicam a forma como atuam os signos, como reagem e como agem segundo sua natureza. O elemento cardinal é o mais ativo e extrovertido, o fixo, o mais formal e difícil, e o mutável, o mais flexível e em constante mudança.

Signos cardinais (são os signos mais voltados para a ação): Áries, Câncer, Libra e Capricórnio.
Os mais enérgicos, impulsivos, insistentes e empreendedores. São orientados para objetivos e altamente motivados. Vão atrás do que querem e esperam que os demais façam o mesmo. Podem ser mandões, mas são os inspiradores e realizadores do Zodíaco.

Signos fixos (são os signos menos ativos do Zodíaco, mais constantes e estáveis): Touro, Leão, Escorpião e Aquário.
Não gostam de mudanças e preferem a rotina já estabelecida. Preferem finalizar algo começado a iniciar algo novo. São constantes e fiéis. Capazes de rápida recuperação e determinação aguda. Extremamente teimosos, estão determinados a manter o *status quo* e evitam mudanças a qualquer preço. Gostam de estar no controle, são confiáveis e não gostam de ser desafiados.

Signos mutáveis (são os signos mais flexíveis do Zodíaco): Gêmeos, Virgem, Sagitário e Peixes.
Versáteis, adaptáveis e amantes das mudanças. Não gostam da rotina. São orientados para a investigação e para o crescimento. Buscam oportunidades nas quais sejam capazes de aprender e evoluir. Florescem quando percebem uma multiplicidade de possibilidades. Estão sempre abertos ao novo, apesar de carecerem de persistência.

III

SIGNOS

ÁRIES, O MOTIVADOR PODEROSO
21/3 A 20/4

O libidinoso ariano é um dos signos mais apaixonados e impetuosos do Zodíaco. Em sua presença, os sentimentos entram em ebulição. Não descansam até conseguir o que querem e não concebem que os demais deem o primeiro passo. Gostam do sexo breve e intenso.

Mantra de Áries: "Armas de fogo, meu corpo não alcançarão. Facas, lanças se quebrem, sem o meu corpo tocar"

TRAÇOS GERAIS

Tudo que você gostaria de saber sobre os arianos e ninguém nunca falou

Por ser o primeiro signo do Zodíaco, é o que mais luta pra chegar ao lugar mais alto do pódio ou ser o primeiro em tudo. Ele representa os inícios, e isso faz com que seja impaciente por novas oportunidades. Está sempre impelido a avançar. Gosta de conquistar, mas falta paciência pra levar adiante ou terminar aquilo que começa.

Signo de atividade, governado pelo conceito-base do "eu sou", representa o pioneirismo, a competição, a execução e o dinamismo.

Persistência não é uma palavra que conheça ou pratique muito bem. Gosta mais de se lançar ao novo. O conhecido é entediante. Gosta de assumir riscos e é corajoso na vida e no amor. Pode ser agressivo e sem tato em algumas situações. Cheio de recursos e empreendedorismo, é líder nato e supercompetitivo. Atira-se de cabeça em tudo e geralmente é essa a parte do corpo que mais machuca. Age primeiro e pensa depois. É de ter rompantes e acessos de fúria, mas dificilmente guarda rancor ou ressentimentos.

Gosta de estar no comando, como expressão de sua independência, podendo ser impulsivo e até mesmo inconsequente, sem ligar muito para o perigo. Está associado à extroversão, à orientação das suas energias para o mundo exterior, de modo que tem pouco tempo para um comportamento reflexivo, além de ter dificuldade em lidar com atividades que exijam concentração lenta e deliberada.

Para Áries o amanhã nunca chega, mas isso não quer dizer que ele não dê atenção ao futuro, pois sua atitude de expectativa positiva normalmente lhe garante um amanhã melhor.

Governa o Exército, as Forças Armadas, a capacidade de defesa de uma nação, as fronteiras entre os países.

Temperamento

Áries é agitado por natureza. Sua necessidade de ação é quase um vício. É guerreiro, líder, pioneiro, atleta, franco.

Tem uma fé em si mesmo que nenhum outro signo tem. Essa fé sólida permite superar situações e desafios da vida. Seu valor e confiança em si fazem com que seja líder natural. Sua liderança funciona mais no sentido de dar exemplo do que de controlar os demais. É rápido e instintivo para tomar decisões, que são traduzidas em ações imediatas. Quando ouve sua intuição, seus atos são poderosos e eficazes. Quando não dá ouvidos a ela, podem ser desastrosos.

Às vezes suas emoções ficam turbulentas, incontroladas. A impulsividade pode falar mais alto.

Planeta regente: Marte

Marte, regente do signo de Áries, na mitologia é Ares, deus sanguinário e agressivo, que personificava a natureza brutal da guerra. Esse deus, mesmo que não saia vencedor em todas as situações, é sempre o herói e o guerreiro que existe dentro dos arianos.

Marte faz com que os arianos tenham personalidade autossuficiente, combativa, entusiasta, que estejam prontos para a briga e sejam poderosos no dom de mandar. Esse planeta imprime ao ariano corpo atlético e propensão a ter um temperamento forte e estourado.

O planeta vermelho também representa o espírito lutador dos nascidos sob esse signo e revela como enfrentam as adversidades.

Melhores qualidades

É independente, autoconfiante, assertivo, guerreiro, corajoso, competitivo, espontâneo, liberal, motivador, tem capacidade de lutar pelas coisas que quer, vontade consciente e dirigida para a conquista, autoridade, dinamismo, sinceridade, vitalidade, determinação, iniciativa, energia vigorosa, pioneirismo, senso de liderança, otimismo, fluência verbal e capacidade executiva.

Defeitos duros de engolir

Temeridade, autoritarismo, agitação, grosseria, impaciência, impulsividade, rivalidade, raiva, instinto primitivo agudo, precipitação, arrogância, pressa, inconstância. Zanga-se rapidamente, impaciente, agressivo, ansioso, indisciplinado, briguento, sem tato, rude, violento, egoísta.

O que o ariano mais detesta?

Mentira, lentidão, falta de iniciativa, pieguice, injustiça, horários rígidos, indecisão, avareza, hipocrisia, lamentação, chantagem emocional, esperas intermináveis.

Homem de Áries

É dominante e gosta de mandar. É mais rústico, então, para aquelas pessoas que gostam de cenas românticas à luz de velas, é melhor buscar outro signo. Mas, se procura o tipo autêntico, ultramacho, que urra e grita, esse é o signo certo. É daqueles que preferem esportes mais violentos, levantamento de peso ou lutas. Acredita que o lugar da mulher no mundo é dentro de casa, cuidando dos filhos e de suas necessidades. Pode ser do tipo que não tem pudor em arrotar na frente da pessoa amada e muito menos de soltar pum. Entretanto, mostrará seu agradecimento de mil maneiras e colocará no pedestal a pessoa amada.

O homem de Áries não tem medo de mostrar sua opinião nem de experimentar coisas novas, novos desafios, até para provar sua masculinidade. Precisa satisfazer seus desejos, e, se não tiver suas necessidades atendidas, buscará atendê-las fora de casa.

Mulher de Áries

Tem todo o vigor do ariano e passa a imagem de mulher dura ou brava. É muito sincera e geralmente causa impacto nos demais quando diz o que pensa. É uma das mulheres mais fortes do Zodíaco. Ótima para os negócios, pode chegar a cargos de comando e poder. Tem um grande controle emocional e pensa nas coisas mais detidamente que seu irmão do sexo oposto. A personagem de Sigourney Weaver em *Alien*, Ripley, é o perfil exato da mulher de Áries. É mais dura que aço, protege quem precisa e enfrenta o perigo de peito aberto.

Vive a sexualidade mais como um ato físico do que como um jogo romântico. É daquelas que, depois de uma noite tórrida de sexo, vão embora cedinho, antes mesmo do parceiro acordar, sem deixar bilhete nem nada. E talvez, da próxima vez que o encontrar, não lembre seu nome. Sabe o que quer na cama, é daquelas que dizem: "mais forte, mais devagar, mais rápido..."

EROTISMO, AMOR E SEXO

Como é no amor

Tende a ter amor à primeira vista. Amante impulsivo, tem emoções ardentes e quer tudo para ontem. É honesto e direto em seus sentimentos, demonstrando abertamente o que quer. Para o ariano, o que importa é a conquista. O desafio de conseguir a pessoa amada é sua principal motivação. Pode perder o interesse quando consegue seu objetivo. Gosta de correr riscos, o que pode levá-lo a se envolver em triângulos amorosos.

Em geral, é fiel e exige isso de seu companheiro; quando descobre a infidelidade, reage com violência e pode até cometer atos de pura ira. Se quiser se envolver com você, você saberá, pois ele lhe dirá sem rodeios. Além de que ele a perseguirá, com uma paixão ardente e visível. É provável que você receba inúmeros torpedos, telefonemas, e ele até poderá aparecer à sua porta sem avisar!

Você jamais ouvirá "eu te amo" se não for um sentimento verdadeiro. A intimidade e os impulsos sexuais são muito importantes, mas, às vezes, efêmeros. O ariano fica muito impaciente quando a relação esfria.

A lealdade é tudo para ele! Passar por dificuldades com o parceiro firme e forte ao lado é algo que ele jamais esquecerá.

É apaixonado, sedutor e atraente. Ariano é cheio de carisma e deslumbra seus parceiros. Quando está apaixonado, mantém relações intensas e ardorosas. E quando a relação funciona bem, enche a pessoa de mimos, diversão e energia. Mas, atrás dessa fachada de segurança e autossuficiência, esconde o medo do fracasso, que pode paralisar seu campo amoroso, especialmente quando se depara com desafios grandes.

Como conquistar ou fisgar um ariano

O segredo é se deixar ser perseguido por ele. No jogo do amor, quanto mais difícil você for, mais doidinho ele vai ficar! A melhor estratégia aqui é deixar que ele a procure e bancar a difícil. Ele ficará fascinado por "caçá-la".

Para conquistá-lo, é necessário demonstrar lealdade e ser uma pessoa divertida, cheia de energia e sem tabus na cama. E também que demonstre paciência e segurança. Ele simplesmente abomina gente insegura.

Entre quatro paredes... Seu beijo e comportamento na cama

Por ser cheio de atitude, é daqueles que tomam a iniciativa do beijo. É direto e vai logo colocando a língua dentro da boca do amado, sem primeiro dar uns beijinhos suaves. Seu beijo é forte e até pode machucar de tanto que aperta. Por ser direto, dominador e às vezes de pouco tato, sua maneira de beijar pode ser meio agressiva. Beija com todo o corpo e não só com a boca. Suas mãos já vão direto às partes sexuais do outro, sem nenhuma cerimônia.

Na cama é ele quem manda. Gosta de estar no comando e fica impaciente e irritado se as coisas não saem como ele quer ou se suas necessidades não são atendidas. Começa com um fogo ardente e grande atração sexual, porém, às vezes, ela dura pouco. Uma vez esfriado o fogo da relação sexual, não sabe bem o que fazer com o parceiro. Em geral, tende a romper de forma brusca, sem levar muito em conta o sentimento do outro. O ariano é um ótimo parceiro na fase de excitação, mas a rotina posterior e o marasmo em que a relação pode entrar acabará por deixá-lo meio frio e insensível. Geralmente ele não é delicado no sexo, é direto e sem tabus e frescuras.

Peca por ser direto demais, perdendo a delicadeza e o mistério que envolvem a sedução. Nada passivo, toma a iniciativa sempre e vê apenas suas necessidades. Começa como uma tocha, mas com o tempo, conforme a rotina vai se instalando, vai diminuindo o fogo do desejo e seu par pode acabar se decepcionando com ele.

É um dos signos mais dependentes de chegar ao orgasmo, parecendo que é só isso que interessa, sem muita preocupação ou paciência com as preliminares. Seu sexo é cheio de suor, ardente e com muitos gemidos. Na cama, é um amante fogoso e cheio de energia. Dificilmente se contenta com apenas uma relação sexual em uma noite.

Para um bom relacionamento afetivo e sexual, é fundamental que seu parceiro seja otimista, entusiasmado pela vida, profissionalmente ativo, corajoso e bem-humorado. Por ter uma poderosa energia sexual, precisa que a chama esteja sempre acesa, caso contrário, é um candidato forte a procurar casos extraconjugais. Um toque de agressividade na cama – como mordidas, arranhões e suaves beliscões – também ajuda na relação.

Um ariano poucas vezes se submete a dominação. Necessita mandar em todos os aspectos de sua vida sexual. É pouco sutil, e quase nunca se entrega aos jogos emocionais, porém, aos sexuais, sim – desde que sempre saia ganhador. Prefere um sexo rápido, com muita energia, pegada forte e "suave violência".

Ata-me

Áries é viril, fogoso, ardente, explosivo. Amante apaixonado e criativo na hora do sexo. Busca conquistar, mas não ser conquistado. Para ele, o sexo é tudo, em que o erotismo é fundamental para manter a chama acesa. Para ele, não há amor platônico e sim intensidade e cumplicidade na cama.

Nível de fidelidade: médio. Quando está realmente envolvido, é fiel, caso contrário, tende a pular a cerca.

Sua fantasia

Por ser do elemento fogo, gosta de situações arriscadas, cheias de adrenalina. Quanto mais perigosa, mais excitante. Lugares como escada do escritório, escapadinhas para o elevador que deixou de funcionar, tudo isso é altamente excitante para ele. Transar no banheiro em uma festa, no almoxarifado da empresa em que trabalha ou na cozinha da casa de um amigo, quando todos já foram dormir... Gosta de aliar o perigo a transas rápidas. Isso o excita bastante.

Seu ponto G

Por ser amante fogoso e criativo na hora do sexo, seu ponto G é a cabeça. Acaricie o rosto dele e massageie seu cabelo. Peça para que feche os olhos e beije-o devagar na boca, nos olhos e no nariz. Desse modo, toda a força erótica de Marte, o planeta regente desse signo, vai direto para a cama. Olhos, ouvido e queixo também são pontos fortes de excitação. Ele experimenta as carícias na nuca como algo especialmente erótico.

Compatibilidade

Com outro ariano, sairá faísca de sua cama, mas ele se cansará rápido. Com os taurinos, será uma tourada às avessas. Eles são muito românticos e cheios de preliminares para os apressados arianos.

Ele achará os geminianos superficiais e inconstantes, apesar de que, se for só um casinho, será formidável.

Com Câncer, é jogar água fria no fogoso ariano.

Fogo que atiça fogo é a definição com os leoninos. Poderá produzir uma relação que durará muito tempo e em que ambos estejam plenamente satisfeitos.

Combinação ideal no escritório, mas frustrante na cama com os nativos de Virgem. Funcionará pouco, já que Virgem é um dos mais contidos e tímidos do Zodíaco e o outro é muito liberal.

Libra e Áries são opostos complementares. Funcionam bem, em que o libriano fica hipnotizado com o brutamontes de Áries, e este com a coqueteria de Libra.

Escorpião trará um grande fascínio sexual a ele, já que Plutão é o corregente de Áries e regente de Escorpião. Aqui teremos uma explosão cósmica com alta voltagem sexual.

Parceria divertida e cheia de camaradagem com Sagitário. Serão inseparáveis enquanto houver aventura de espírito.

O capricorniano considerará o ariano um tanto quanto fogo de palha e apressadinho demais.

Aquarianos estimulam ainda mais a necessidade de liberdade dos arianos e compartilham com eles a total ausência de tabu nos temas sexuais.

O jeito melodramático do pisciano deixará enlouquecido o mais apressadinho do Zodíaco, e muita água fria vai ser jogada na fogueira do ariano.

Estilo sexual

Caráter sexual	Impulso sexual	Motivação
Fiel**	Forte*****	Desejo*****
Volúvel	Médio	Amor**
Propenso ao flerte****	Fraco	Romance*
Ciumento*	Depende da iniciativa do parceiro	Aventura****
		Segurança
		Compromisso

PRESENTE IDEAL

Um carro veloz, inscrição para uma boa academia, fim de semana de aventura, moto potente, capacete, jaqueta de couro vermelha.

COR AMIGA E DE AFINIDADE: VERMELHO

O vermelho está relacionado com o elemento fogo; o planeta Marte é a mais forte das cores. Na natureza, o vermelho não é encontrado com frequência; quando o vemos, ele nos transmite uma mensagem muito forte. Na China, o vermelho é considerado a cor da felicidade e da prosperidade. É uma cor de bom augúrio. No Oriente, as noivas ainda usam o vermelho, para atrair sorte do céu. Ovos tingidos de vermelho são distribuídos quando o bebê faz um ano de idade. O vermelho é inspirador, excitante e dinâmico. Pode nos dar uma enorme confiança e isso os arianos têm de sobra.

O vermelho também é da ira e da vingança. Ele é apaixonado e ardente, e pode criar confusão quando não é usado com sabedoria.

Deve-se usar o vermelho também nos aposentos que envolvam atividade e excitação. Uma sala de jogos ou uma sala de exercícios são bons exemplos disso. O vermelho aumenta a atividade física, os batimentos cardíacos e a paixão carnal. Entretanto, pode causar insônia quando usado no quarto de dormir.

ARIANOS FAMOSOS

ELES
Elton John, Alec Baldwin, Marlon Brando, Quentin Tarantino, Eddie Murphy, Spike Lee, Al Gore, Charles Chaplin, Getúlio Vargas, Thomas Jefferson, Van Gogh, Mario Vargas Llosa, Francis Ford Coppola, René Descartes, Eric Clapton, Joan Miró, Jorge Ben Jor, Roberto Carlos, Chico Anysio, Ayrton Senna, Ronaldinho Gaúcho, Lima Duarte, Beto Lee, Vladimir Brichta, Pedro Bial, Maurício Mattar, Monteiro Lobato, Mussum, Antônio Fagundes.

ELAS
Lady Gaga, Sarah Jessica Parker, Mariah Carey, Celine Dion, Victoria Beckham, Kate Hudson, Bette Davis, Paloma Picasso, Diana Ross, Adriane Galisteu, Alice Braga, Ana Maria Braga, Juliana Paes, Xuxa, Cacilda Becker, Gabriela Duarte, Leila Diniz, Vera Zimmermann, Lygia Fagundes Telles.

PERSONALIDADE DO SIGNO

Cazuza
Sol em Áries, Lua em Libra, ascendente em Sagitário.

Irradiava magnetismo e irreverência. Seu sedutor encanto atraía à sua cama homens e mulheres. Tinha uma personalidade exuberante, alegre e entusiasmada com a vida. Seus objetivos e horizontes eram amplos e cheios de otimismo. De natureza alegre e divertida, era fácil os outros simpatizarem com ele, mesmo com a sua franqueza muitas vezes desconcertante, que só não era maior do que a sua espontaneidade.

MODA ÁRIES

Descrição: dinâmico, direto e sempre em movimento, combina bem com o estilo esportivo e despojado.

Estilo: moderno e esportivo.

Prioridades na roupa: ser diferente, com elegância e conforto.

Roupas: modernas, diferenciadas, *looks* muitas vezes pesados, mas com tecidos e cortes confortáveis. A mulher adora um estilo de roupa masculino, como coletes e calças de alfaiataria.

Cores: muito *look* preto total, vermelho, goiaba, bordô, branco.

Cabelo

Curtos. Tons acobreados são ótimos para as arianas, já que não gostam de perder tempo no espelho. Esse tom de vermelho simboliza a energia e força de Marte, seu planeta regente. É a cor de mulheres fortes e determinadas.

Os fios desfiados, bem moderninhos para serem ajeitados com pomada, são um *must* pra ela. Dá graça ao seu estilo audacioso e desprendido.

TOURO, AMANTE SENSUAL
21/4 A 20/5

Touro é o mais sensual do Zodíaco. Sua natureza é apaixonada e possessiva, com grande impulso sexual. Gosta de gente e lugares belos. Seu corpo, forte e sólido, resume sua sensualidade e inspira desejo. É daqueles que preferem ser seduzidos a seduzir.

Mantra de Touro: *Água mole em pedra dura, tanto bate, até que fura.*

TRAÇOS GERAIS

Tudo que você gostaria de saber sobre os taurinos e ninguém nunca falou

Touro é o segundo signo do Zodíaco e representa as forças de fecundidade e criação. Representa o primeiro contato do ser vivo com a terra. É seguro e contido em tudo o que faz e pensa.

Muito teimoso, é daqueles que quando empacam parecem uma mula. Mas também é bem tenaz e, quando traça um caminho, seguirá passo a passo sem desistir. Sua resistência física, sua força e sua moral são altíssimas e o convertem em uma pessoa que sempre atinge a meta a que se propôs. Ama a rotina, a comodidade e a segurança. É mais lento para tomar uma atitude, mas, quando se decide por algo, nada o impede de ir até o fim. É difícil de se enfurecer, mas, quando isso acontece, faz estragos!

Ele está associado à consolidação, à segurança material, à prosperidade e à fertilidade.

Apesar de certa timidez, é de comunicação aberta e propenso a romper qualquer tipo de gelo que possa surgir inicialmente em uma relação. É o que mais busca os prazeres da vida: boa comida, conforto e coisas belas – é o que mais se deleita com comida saborosa e doces em geral.

Sedutor por natureza, com sua voz cálida e seu sorriso sempre bem-humorado. Tem inclinação para se envolver no processo de acumulação, seja de objetos, dinheiro ou pessoas.

Governa o Produto Interno Bruto (PIB) de uma nação, as ações das massas trabalhadoras e os setores produtivos, a economia.

Temperamento

Calmo e paciente. Gosta de viver a vida em ritmo mais devagar e rodeado de todas as coisas que acumulou ao longo de sua existência. Tem tendência a acumular tudo: bens, afetos, selos, caixinhas etc.

Extremamente teimoso, só ouve o que quer. É daqueles que, se pegarem birra de uma pessoa, será para sempre. Jamais muda de opinião ou sentimento sobre alguém. Quando sente que sua amada segurança está sendo ameaçada ou que será explorado no amor, terá explosões de ira incontroláveis.

À primeira vista, talvez seja um pouquinho difícil interagir com o taurino. Além de tímido, é menos falante e expansivo. Prefere ouvir mais a falar, porque é intuitivo e bastante precavido. Com o passar do tempo e após longa observação, torna-se mais receptivo, fica mais à vontade e pode se tornar um bom e leal amigo. Quando mais íntimo, é prestativo e muito fiel aos amigos. Quando não pode ajudar diretamente, sabe ouvir e procura encontrar soluções práticas, oferecendo solidariedade, conselhos ponderados e apoio confiável.

Planeta regente: Vênus

Vênus, regente do signo de Touro, na mitologia grega é a deusa Afrodite, símbolo da beleza e da paixão sexual. Planeta que determina como eles se relacionam com os demais, no amor, na busca de afeto e nas relações sociais.

Para o taurino, o amor é a única porta de acesso ao Infinito!

Vênus representa sua sensibilidade, o sentido de belo e o afeto com que ele lida com as pessoas e situações. Age sempre com delicadeza e gentileza.

Melhores qualidades

Resistência, paciência, estabilidade, suavidade, generosidade, facilidade em demonstrar afeto tanto física quanto verbalmente, tenacidade, constância, força física, praticidade, senso estético, gratidão, valorização pessoal, preservação, produtividade, busca do prazer, conforto, amor prazeroso, sensualidade, instinto de sobrevivência, capacidade empreendedora, lealdade, paciência, autocontrole.

Defeitos duros de engolir

Luxúria, preguiça, cobiça, ciúme excessivo, rigidez de ponto de vista, teimosia, possessividade, materialismo, obstinação, ganância, lentidão, preguiça, ciúme, passionalidade, rancor, gula, avidez, possessividade, resistência a mudanças, indulgência, paranoia, egoísmo, conserva-dorismo, memória rancorosa, temperamento exigente.

O que o taurino mais detesta?

Desamor, desperdício, agressividade, ingratidão, restrição financeira, pessoas avarentas, mudanças constantes, o feio, o mau gosto, lugares desconfortáveis, discórdia, restrições alimentares e o desconhecido.

Homem de Touro

É sempre mais forte do que seu tamanho possa demonstrar e sua força mental é tão forte quanto a física. Usa suas habilidades mentais, sólidas e constantes para uma variedade de tarefas e geralmente consegue qualquer coisa a que se proponha. Fazer dinheiro, acumular poder, engordar seu negócio, sua carteira, seu corpo, tudo isso é tarefa importantíssima pro taurino.

É daqueles que quando se interessam, deixam bem claro, de forma direta e sem rodeios. Por ser muito honesto e aberto, não dá a entender algo que não é. Com uma mulher, se será uma diversão passageira ou se tem a intenção de ser parceiro pra vida inteira, deixará claro qual sua intenção antes de levá-la pra cama e não alguns meses depois.

Mulher de Touro

Possui as artes persuasivas mais poderosas do Zodíaco. Para ela o amor não é um jogo. Se disser que vai ligar no dia seguinte, ela o fará. E quando não confia em alguém, se torna fria como um cadáver. Controla bem suas emoções e tem dificuldade em admitir que está enamorada, porque isso a faz sentir-se vulnerável.

Quando se apaixona, fará o que o amado lhe pedir na cama, sempre dentro de certos parâmetros e esperando, claro, que o favor seja devolvido. É reservada quanto ao sexo e até mesmo tradicional.

É extremamente fértil no sentido literal da palavra, embora o signo não seja particularmente conhecido por sua sensibilidade ou sutileza.

EROTISMO, AMOR E SEXO

Como é no amor

Quando está apaixonado, é leal, atencioso, protetor ao extremo e capaz de terríveis ataques de ciúme se desconfiar que está sendo traído. Precisa de um relacionamento romântico e acaba tendo um sentimento de propriedade sobre o amado. A ênfase é para a parte prática do relacionamento: quem vai pagar a conta, onde se vai morar, a estabilidade que a relação traz e a satisfação sensual que o parceiro pode proporcionar, seja na cama ou à mesa.

Se descobrir que recebeu "cornos" do parceiro, não voltará nunca mais a olhar para a cara da pessoa. Não existe segunda chance para uma traição na vida dele.

É apaixonado, fiel até a morte e ciumento, não tolera aventuras extraconjugais. Se sente desejo, seguramente sente amor. Leva esse tema a sério, e seus amores são duradouros.

Por ser de um signo de terra, demonstra carinho de forma concreta e bem tátil; carícias, beijos prolongados ou massagem valem mais do que palavras para ele. Caseiro e muito carinhoso, estabelece profundos vínculos afetivos com a pessoa amada. Com grande capacidade de entrega, tem uma tremenda força, sensibilidade e idealismo nas questões emocionais.

Tende a mostrar seu amor sem palavras; champanhe, flores e chocolates fazem parte de sua lenta e sensual sedução. Leva o amor muito a sério, é dos que casam rápido e compartilham seus sentimentos por meio do contato físico e das ações cuidadosas e carinhosas.

Para o taurino, o casal se converte em uma só pessoa – ai do parceiro que ouse desejar liberdade e espaço na relação. O compromisso pode até chegar a ser asfixiante. Tende a ter poucos amores, é fiel e de relações duradouras. Valoriza o casamento como poucos.

Touro vive o amor intensamente, todo o tempo, em todas as épocas de sua vida. Não consegue ser diferente, por isso, em suas relações, está por inteiro ou não está; não existe meio-termo. Só permanece numa relação se houver um envolvimento muito forte e algum tipo de retribuição, isto é, ele ama a quem o ama também. Demonstra seu sentimento por intermédio de constantes trocas: palavras, gestos de carinho e, de forma mais concreta, com pequenas gentilezas e presentes. Dependendo da condição financeira, esses mimos podem variar de simples cartões até objetos luxuosos, tão apreciados pelos taurinos.

Nota: o taurino tem um traço pitoresco: uma "mania" de fidelidade, e também mantém amores muito longos – às vezes, um grande amor por toda a vida. Ou como dizia Camões: "[...] para tão longo amor, tão curta a vida".

Como conquistar ou fisgar um taurino

Taurino nasceu para se relacionar, e, para conquistá-lo, um pequeno "truque" é dar muito amor, ternura e demonstrar que é muito querido e apreciado por tudo que diz ou faz.

Prefere parceiros calmos, harmônicos, belos e que busquem acima de tudo a paz na relação. Aqueles que não são amantes de discussão, não ficam criticando suas ações, que dão o braço a torcer e que falam calmamente e em tom baixo são os mais fortes no páreo para arrebatar seu coração.

Algo que o taurino não suporta em seu parceiro é a falta de pé no chão com relação ao dinheiro. Ser uma pessoa que lida mal com o dinheiro, gastando mais do que pode, exibindo um status que não possui ou sendo imprudente com seu futuro é garantia de cartão vermelho no jogo da vida do taurino.

Entre quatro paredes... Seu beijo e comportamento na cama

O beijo do taurino costuma fazer parte dos inesquecíveis. Quente, gostoso, profundamente penetrante e sensual, beija muito bem, já que adora o ato. Não tem pressa, é muito dedicado ao parceiro. Adora a pele sobre pele nua, muito toque. E isso é só o começo de algo bem mais delicioso. Como sensualidade é o seu sobrenome, preparar-se para muito mais é puro bom senso do parceiro.

Sendo de um signo de terra, é muito físico e gosta de fazer sexo, e muito! Ama acariciar e ser acariciado na hora da transa e é provável que o sexo dure a noite inteira.

Por ser mais devagar e gostar de romantismo, toque, perfumes e muita paciência na hora H, é o que deve se esperar do taurino. Entrega e muita sensualidade são as características mais marcantes desse interessante signo do Zodíaco. Ele traz a naturalidade da arte de amar com entrega, cuidado e muito carinho.

Não é apressado na cama e dá muita atenção aos sentidos na hora da transa. É capaz de segurar o orgasmo até que o parceiro tenha o seu.

Apesar de não ser um signo sutil, leva as coisas com relação ao sexo com calma. Assim, suas intenções sedutoras resultam mais evidentes. É um mestre na arte dos jogos preliminares e do cortejo clássico.

Sendo governado pela voluptuosa Vênus, ele se interessa muito por sexo. Esse erótico planeta enche seus sentidos de ávido desejo e o chama para o prazer carnal e a satisfação sexual. E, por ser do elemento terra, tem uma combinação de sensualidade venusiana e pragmatismo terrestre.

Vênus gosta de coisas caras e bonitas. Sendo assim, a tendência é que o taurino procure um parceiro que, além de ter aparência bonita, tenha também boa situação financeira.

Valoriza muito os cinco sentidos na hora da transa. Um pouco de vinho ou chocolate para o paladar; perfume, loção pós-barba e velas aromáticas para o olfato; música suave para seus ouvidos sensíveis; lençóis de seda e pele nua e quente para o tato; e o parceiro com seu corpo desnudo para despertar completamente a libido. E a noite prometerá ser de grande prazer sensual!

Ata-me

Touro é masculino, firme, forte e sólido.
Prudente e conservador na vida social, é surpreendente entre quatro paredes. Carinhoso e suave, seu erotismo é apaixonado, intenso, apesar de pouco criativo. Não é nada afobado, gosta de explorar as possibilidades.

Nível de fidelidade: altíssimo. Por precisar de segurança e estabilidade, gosta de preservar a família e a relação.

Sua fantasia

Por ter os sentidos aguçados e Vênus como regente, a deusa do amor e da beleza, prefere ambientes bonitos, cheios de charme e aromas na hora da transa. Velas perfumadas, massagens sensuais e pétalas de rosa no lençol macio e cheiroso são infalíveis. E, como é muito ligado em comida, se o paladar estiver envolvido, melhor ainda! Chocolate em calda para brincar e degustar, um bom vinho pra beber e derramar no corpo do amado... Tudo isso é muito excitante para ele. Fazer amor dentro de uma banheira perfumada é puro prazer. Aqui, o mais importante é o tato e o olfato.

Seu ponto G

Carinhoso e suave, o taurino não resiste a carícias e beijos no pescoço e na nuca. Massageie a parte superior dos ombros, que é uma das partes do corpo que correspondem a seu signo. Lembre-se também de que sua pele é muito sensível e que ele ama massagens. Garganta, língua, boca, papilas gustativas e pescoço também são zonas erógenas de Touro. Lembrando que, por ser um signo de terra, todo o seu corpo é sensível ao toque.

Compatibilidade

Com um ariano, será uma tourada às avessas. Ele é muito romântico e cheio de preliminares para o apressado ariano.

Com seu semelhante zodiacal, viram cúmplices na cama, transformando-se em mais que um casal: tornam-se parceiros de prazer profundo.

Achará o geminiano inicialmente encantador, com suas frases espirituosas e o jeito divertido de amar. Depois de certo tempo, porém, notará o que ele está dizendo e sentindo exatamente o contrário da semana anterior. Assim, o geminiano parecerá instável demais para sua constante solidez mental e afetiva.

Com Câncer o taurino forma o par doméstico perfeito. Ambos apreciam os prazeres da boa comida e são absolutamente caseiros.

Leão ama as mesmas coisas caras, tem bom gosto e seus jantares são dignos de nota na imprensa. Se não forem à bancarrota, vão se divertir muito juntos.

Solidez é o nome dessa parceria. Tem bom equilíbrio essa relação. Taurinos ensinam os virginianos a serem mais carinhosos e táteis.

Libra e Touro têm a mesma regente, Vênus. Ambos são ligados em arte e são bons em relações públicas. Aqui a parceria será melhor quando o assunto é profissional.

Escorpião trará um grande fascínio sexual ao taurino, já que são opostos complementares. Sensações intensas acontecerão, com forte magnetismo sexual. Haverá uma explosão cósmica com alta voltagem entre Touro e Escorpião.

Com Sagitário, poucas chances. Touro ama o estável e previsível, e o sagitariano é o rei do imprevisto e tudo de última hora.

Com Capricórnio, será a solidez na sala VIP. Serão inseparáveis e um sentirá que o outro é seu porto seguro.

Nem com muita negociação a coisa rola! Aquarianos amam o inusitado, o diferente, o que é fora da rotina, e isso pode gerar no taurino uma tremenda crise de falta de chão.

O taurino se comportará como um perfeito *gentleman*, refreando seu impulso natural de quase esmagar o suave pisciano com seu abraço. Parceria promissora, com toda uma vida de puro romantismo pela frente.

Estilo sexual

Caráter sexual	Impulso sexual	Motivação
Fiel*****	Forte****	Desejo*
Volúvel	Médio	Amor***
Propenso ao flerte**	Fraco	Romance*
Ciumento*	Depende da iniciativa do parceiro*****	Aventura****
		Segurança*****
		Compromisso*****

PRESENTE IDEAL

Caixas bonitas com chocolate belga ou trufas, relógio de prata com diamantes, roupas de marca, perfume floral adocicado em frasco requintado, serenata de amor na janela, relógio de ouro *rosé*, *underwear* de seda, cremes hidratantes perfumados e caros, gargantilha de prata e quartzo rosa.

COR AMIGA E DE AFINIDADE: VERDE-ESCURO

O verde está bem no meio do espectro das cores e é a cor da natureza. Proporciona sentimentos de paz, harmonia e tranquilidade. Acalma e revigora a alma. Tem afinidade com os taurinos, pois inspira paciência e acalma os ânimos. Na China, considera-se o verde a cor da paz e da longevidade. O verde também está relacionado com a primavera e com o crescimento que advém de tudo isso, além de estar ligado ao elemento madeira.

O verde é repousante e tranquilizador, fazendo com que ele seja uma cor apropriada para qualquer aposento usado para repouso e para dormir. O verde acalma a mente e elimina a tensão e a ansiedade.

O **verde-escuro** está associado ao masculino, lembra grandeza, como um oceano. É uma cor que simboliza tudo o que é viril.

TAURINOS FAMOSOS

ELES
George Clooney, David Beckham, George Lucas, Enrique Iglesias, Sigmund Freud, Salvador Dalí, William Shakespeare, Sócrates (filósofo), Leonardo da Vinci, Maquiavel, Cauã Reymond, Lulu Santos, Rodrigo Hilbert, Kaká, Dinho Ouro Preto, Dorival Caymmi, Bruno (da dupla Bruno & Marrone), Stênio Garcia, Fausto Silva, Roberto Justus, Sérgio Chapelin, Rubens Paiva, Delfim Netto, Dedé Santana, Cacá Diegues, Taffarel.

ELAS
Cher, Uma Thurman, Michelle Pfeiffer, Penélope Cruz, Megan Fox, Barbara Streisand, Audrey Hepburn, Elizabeth II, Eva Perón, Fernanda Young, Mariana Ximenes, Luiza Tomé, Cláudia Liz, Nana Caymmi, Betty Faria, Patrícia de Sabrit, Mila Moreira, Benedita da Silva, Dalva de Oliveira, Ângela Maria, Beth Carvalho.

PERSONALIDADE DO SIGNO

Jack Nicholson
Sol em Touro, Lua em Aquário.

Seu lado taurino denota sua natureza sensual e uma carreira sólida e estável. A Lua em Aquário, signo vanguardista, confere a ele certa personalidade excêntrica, impessoal e pouco convencional. Ser um solteirão convicto é um traço rebelde dessa Lua.

MODA TOURO

Estilo: romântico e sexy.

Descrição: pessoa sensível, delicada, meiga, carinhosa, ao mesmo tempo se autovaloriza por meio da roupa.

Prioridades na roupa: as mulheres são muito femininas, delicadas na maneira de se vestir, e ao mesmo tempo gostam de mostrar as formas do corpo. O homem, muito vaidoso, busca charme na maneira de se vestir.

Roupas: as mulheres adoram o crochê, tricô, roupas bordadas, colares rentes ao pescoço, lenços, xales. Os homens gostam também do tricô, das malhas, das calças mais justas e camisetas.

Cores: as cores são mais doces, tons da natureza, mais neutras e claras.

Cabelo

Ícone da feminilidade, a taurina gosta de ostentar um cabelo macio e sedoso. Sendo assim, a cor serve para realçar ainda mais sua natureza. Os castanhos claros e escuros remetem ao seu elemento terra. Essa tonalidade simboliza determinação e dará maior formalidade ao seu rosto. Prefere os longos em camadas. Adora volume e são sempre cheios de brilho, já que temos aqui a regência de Vênus, a deusa da beleza.

GÊMEOS, O AMANTE VOLÚVEL
21/5 A 20/6

Busca novas emoções e não se detém nunca. Troca de parceiros como troca de roupa. Sua necessidade de comunicação lhe exige movimento contínuo. O sexo para ele é uma atividade intelectual, e desfruta do ato, falando sobre seus sentimentos.

Mantra de Gêmeos: *Quem tem boca vai a Roma.*

TRAÇOS GERAIS

Tudo que você gostaria de saber sobre os geminianos e ninguém nunca falou

É o terceiro signo do Zodíaco, e representa a mente e o intelecto. Seu elemento ar lhe dá a transparência, a comunicabilidade, a inteligência e a dualidade, elementos que envolvem a todos nós, humanos.

Eles adoram descobrir coisas novas e são viciados em informação. Amam a variedade e têm talento natural para fazer inúmeras tarefas, são multifacetados. Leem jornal, falam ao mesmo tempo, mandam torpedos, comem, tudo ao mesmo tempo e agora.

O signo de Gêmeos é representado por duas figuras, que simbolizam as duas faces de cada situação: dia e noite, Sol e Lua, o bem e o mal. Não é por acaso que Gêmeos desenvolve a capacidade de entender e aceitar os opostos e, ainda, promover o início de todos os relacionamentos. Ele reflete sua natureza dual. Representa a comunicação e a versatilidade. Tem uma inteligência aguçada e rápida, e é um conversador estimulante.

Sua facilidade em se comunicar o torna *expert* em profissões ligadas ao ensino, à literatura, aos meios de comunicação e ao comércio.

É o senhor das palavras, podendo falar de qualquer coisa, em qualquer lugar e com qualquer pessoa. Não há nada mais agradável para ele do que uma boa conversa, sobretudo quando pode acabar aprendendo algo novo. Ama aprender e ensinar. Privar um geminiano de conversar, de livros e revistas, pode ser um castigo cruel.

Governa os meios de comunicação, transportes e mensagens.

Temperamento

Gêmeos é para a sociedade o que o pulmão é para o corpo. É comunicador e transmissor de informação. Seu dom para passar uma mensagem, para se comunicar com tanta facilidade, faz dos geminianos os melhores para o ensino, a literatura, os meios de comunicação e o comércio.

Tem boa memória e facilidade em imitar pessoas, na entonação de voz e nos gestos. Sempre se destaca com sua brilhante e versátil mente, palavras apropriadas e espírito divertido.

O geminiano tem grande interesse por novidades. Gosta de ler, escrever e conversar sem hora para terminar. Tem um raciocínio rápido e está sempre muito estimulado a trocar ideias e informações. Bem-humorado, brincalhão e muito curioso, vive constantemente procurando o que aprender, por isso permanece com a mente jovem e ativa, mesmo com o passar dos anos.

É comum ficar dividido entre vários interesses: ler diversos livros, revistas, publicações variadas e alternar-se entre tarefas comuns do dia a dia e compromissos profissionais. Para ele, o importante é sempre estar aprendendo alguma coisa nova. Devido a sua necessidade de se manter bem informado, possui um especial desembaraço para a comunicação. Fascinado pelas palavras, gosta de brincar com elas – geminianos fazem jogos e trocadilhos, tudo com muito humor.

Está sempre envolvido com meios de comunicação: telefones, internet, viagens, redes sociais, e se entrosa facilmente em qualquer grupo. Ama se envolver em movimentos culturais, artísticos e literários. É comum ver geminianos da terceira idade entrando na faculdade, tirando carteira de motorista. Ele acredita que a mente pode permanecer jovem para sempre.

Planeta regente: Mercúrio

Mercúrio, regente de Gêmeos, é um planeta que representa a mente e o intelecto. Revela a maneira de pensar e de se comunicar, além do nível de inteligência de uma pessoa. O deus alado Hermes dá a seu filho geminiano a grande capacidade de pensar e falar de forma brilhante e com assombrosa fluidez.

Esse planeta representa a relação mental com o mundo exterior, a inteligência, a perfeição intelectual, o contato com o mundo por meio do conhecimento, a expressão, a razão, a crítica, a lógica, o cálculo, a curiosidade e a adaptação às mais variadas situações.

Esse planeta faz com que o geminiano viva voando de informação em informação, de fato em fato. Como uma borboleta social, circula à volta de tudo que seja interessante, colorido e atraente. Ama ler jornal, receber e-mails, assistir a noticiários na TV, falar ao celular, e tudo ao mesmo tempo.

Melhores qualidades
Sociabilidade, rapidez mental e manual, bom humor, versatilidade, facilidade de comunicação, jogo de cintura, espírito aberto, sorriso fácil, jovialidade, dualidade, adaptabilidade, fraternidade, facilidade nos relacionamentos, espontaneidade, criatividade, imaginação, dom da palavra.

Defeitos duros de engolir
Magoar com palavras duras, inconstância, falar demais, superficialidade, inconstância, falta de comprometimento, dificuldade em ser pontual, superficialidade, falsidade, insensibilidade, duplicidade, mentiras, prolixidade, inconsequência, infidelidade, fraudes, plágios, fofocas, exibicionismo.

O que o geminiano mais detesta?
Pessoas de mau humor, pieguice, exigências burocráticas, inflexibilidade, sistemas rígidos, devaneios místicos e espirituais, gente calada, guardar segredo, rotina, falar de doenças, solidão, não ter com quem falar, superficialidade, imprevidência.

Homem de Gêmeos
Seus olhos são cheios de vida e brilho. Sua mente vai de um tema a outro com tanta rapidez que poucos conseguem acompanhar. É o homem certo para quem gosta de falar e intercambiar ideias. Ele quer

pensar, provar e experimentar cada coisa ao menos uma vez na vida. Gosta de manter uma relação de igual para igual, e é fundamental que quem pretende se envolver com esse ser esteja à altura dele, intelectual, espiritual e sexualmente. Caso contrário, a relação vai por água abaixo.

Não é a pessoa certa para alguém tímido, que custa a compartilhar ideias e busca rotina acima de tudo. Uma relação com o terceiro signo do Zodíaco é para alguém que busca muito a não rotina, a novidade e o mental o tempo todo.

Mulher de Gêmeos

Mais articulada ainda que sua porção masculina, é habilidosa na manipulação de ideias para o lado que lhe convém. É a companheira de cama surpreendente, disposta a passar de um linguajar vulgar a palavras românticas e apaixonadas em um piscar de olhos. É apaixonada pelo novo e diferente, de modo que, para aqueles que gostam das coisas que saem das regras, das pessoas que andam "fora dos trilhos", a geminiana é a mulher certa. Tem uma preferência por jogos sexuais, excentricidades e até o sadomasoquismo, já que, para ela, compartilhar suas fantasias com outro é fundamental.

EROTISMO, AMOR E SEXO

Como é no amor

Amante volúvel, facilmente distraído e sempre incansável na busca por novas aventuras. A vida ao lado dele nunca será tediosa. Para o geminiano, o que conta é o companheirismo, ter com quem conversar, trocar ideias, e principalmente alguém para ouvi-lo. Gostaria de encontrar o seu gêmeo ou sósia intelectual. Quer sentir-se livre para ir e vir quando bem entender.

Usa da sua habilidade de comunicação nos relacionamentos afetivos e sociais. Para um romance dar certo, a pessoa pela qual ele estiver interessado terá de seduzi-lo mentalmente. Beleza só não conta. A parte do corpo pela qual ele mais sente atração no outro é o cérebro.

O problema no amor é seu intelecto, que é frio e desapaixonado para inspirar no outro uma relação cheia de paixão. Às vezes a emoção o perturba tanto que ele tende a fugir de relações com pessoas excessivamente emotivas.

Tende a ser muito generoso com quem ama. Busca um parceiro refinado, culto, educado e que tenha muitas experiências para contar. Seu amado deverá aprender a escutá-lo e observar o que ele faz.

Gosta da ideia de estar amando e é afetivo e deliciosamente romântico em um momento e, no seguinte, distante, desapegado e frio. A realidade de uma relação rotineira é um grande desafio para ele. Prefere as novidades e manter o relacionamento sempre com alta dose de situações diferentes.

Divertido, engraçado e brincalhão, expressa suas afeições com criatividade e fora das normas. Adora flertar e é um parceiro interessante e excitante. Porém, perde rapidamente o interesse se as coisas caem na monotonia.

Ele tem muitas histórias de amor para contar, porém não é nada dramático. Seu maior repúdio é pela possessividade, grosseria e coisas repetitivas. Quem gosta de exclusividade nos romances deve fugir do nativo de Gêmeos. Por ser um signo dual e gostar de variedade, desperta para os amores duplos, infidelidades...

Quer namorar eternamente e gosta de ouvir declarações de amor. Constantemente declara e explica seus sentimentos, além disso, prefere relacionar-se com pessoas inteligentes e hábeis na comunicação. Para se relacionar com alguém desse signo, é necessário ter sempre um assunto novo, caso contrário ele se entediará.

Muitas vezes, fala mais sobre o amor do que vivencia. Até mesmo as relações sexuais só acontecem depois de uma boa, excitante e divertida conversa.

Como conquistar ou fisgar um geminiano

Para seduzi-lo, é necessário aguçar sua curiosidade. Para levar às alturas sua libido, uma boa conversa sensual é o ponto de partida. Para obter sua atenção, sussurre fantasias sexuais picantes ao seu ouvido. Como o geminiano odeia a rotina, o sexo tem de ser sempre diferente. Lugares, posições, acessórios, roupas... Uma conversa cheia de malícia e bem apimentada é o começo de um sexo gostoso para ele.

A fidelidade é um problema para os geminianos. Na busca de novidade e excitação, costumam ter vários parceiros sexuais.

Entre quatro paredes... Seu beijo e comportamento na cama

Gêmeos é curioso e trata de experimentar diferentes posições e técnicas de beijar. Seus braços e mãos não param quietos. Vai tocar o parceiro em todas as partes do corpo possíveis. Pouco romântico, seus beijos serão menos ardentes e apaixonados. Por ser criativo, seu jeito de beijar nunca é igual, sempre terá uma novidade. Pode brincar com a língua em diversos cantos da boca, mudar a posição da cabeça de uma hora para outra. Vai trocar abraços e carinhos nas pausas de uma boa conversa.

Falar na hora do sexo é muito importante para o signo de Gêmeos. Ele precisa ouvir quanto ele é bom, quanto transa bem, enfim, ele precisa que você traduza seus sentimentos em palavras. Isso vai fazer com que você se torne inesquecível. Rotina não é a sua praia, portanto, espere por muita criatividade nos momentos de intimidade. Ele é mestre no jogo do amor e do sexo. Adora cortejar, seduzir, jogar o jogo da conquista, e tudo sempre é feito com muita inteligência.

A fidelidade sexual é um problema para ele, pois, na busca pela novidade e excitação, costuma pular de flor em flor, tornando-se um jogador sexual. Tende a flertar com o perigo, e às vezes pode ser irresponsável em suas escolhas sexuais, envolvendo-se com pessoas casadas ou perigosas.

É geralmente flexível de mente e de corpo, podendo adotar posições na hora da transa que impressionarão o parceiro. Por ser curioso na vida, adora experimentar na cama: usará brinquedos, jogos sexuais, poderá ser adepto de sexo a três, quatro ou em um grande grupo.

Dramatizações nessa hora, como por exemplo usar uma roupa de príncipe ou enfermeira, o farão muito feliz e mais excitado ainda. Seja qual for a fantasia sexual do parceiro, o geminiano vai ajudar a torná-la realidade!

A curiosidade é algo fortíssimo em sua vida, e na equação sexual é uma parte fundamental. Ele ficará fascinado com a mente do parceiro e usará de toda a sua sagacidade e charme pra conquistar e brincar a noite toda.

Ata-me

Gêmeos é Dom Juan: sociável, sedutor e cheio de fogo.
É amante de variedades no terreno "carnal". Seu livro de cabeceira é o *Kama Sutra*. Vai provar todas as posições. Sua facilidade com as

palavras o converte em autêntico sedutor. Não é ciumento nem caseiro. É o mais sociável e extrovertido do Zodíaco.

Nível de fidelidade: baixo. Por precisar de novidade constantemente e ser muito curioso, sempre pensa como seria se tivesse seguido outro caminho e, por isso, pode desejar e experimentar outras possibilidades...

Sua fantasia

Por ter Mercúrio como planeta regente, tudo começará por uma boa conversa. É altamente excitante e importante essa preliminar de palavras de duplo sentido, picantes e cheias de erotismo. As conversas íntimas, o sexo por telefone, torpedos apimentados ou fotos bem ousadas, tudo isso excita ao máximo o jovial geminiano. Aquela rapidinha na escadaria do prédio ou dentro do banheiro na festa do amigo, sem nenhum planejamento, é tudo de bom. Sair da rotina, como transar em lugares inusitados ou até mesmo de pé no almoxarifado da empresa em que trabalha será inesquecível.

Seu ponto G

Mãos e dedos são altamente excitantes quando tocados, beijados ou lambidos. Sussurrar no ouvido palavras bem picantes, frases depravadas, é acertar no alvo. As orelhas são erógenas pra ele, já que as palavras e ideias o excitam bastante, são o melhor mapa da mina. Mãos que apertem suas mãos, beijos e mordidas nessa parte do corpo e nos dedos podem proporcionar um doce prazer. Incansáveis, durante uma só noite podem dar o dobro do prazer do que qualquer outro signo. Quer enlouquecê-lo? Beijos e carícias na axila, pulso e cotovelo.

Compatibilidade

Com um ariano, sairão faíscas de sua cama. Um ama falar muito, e o outro, atuar o tempo inteiro. Portanto, será um sexo divertido.

Com os taurinos, será uma tourada às avessas. Eles são muito românticos e cheios de preliminares para os inquietos, mentais e aéreos geminianos.

Será algo mais platônico do que carnal com outro geminiano. Muita fala, discussão sobre qual a melhor posição e pouco ato em si.

Com Câncer não haverá liga; um é de ler novelas românticas, e o outro, Charles Bukowski.

Ar atiça o fogo dos leoninos. Poderá produzir uma relação que durará muito tempo e em que ambos estejam altamente satisfeitos. Se o geminiano conseguir um acordo satisfatório quanto à necessidade de mandar do leonino, ambos descobrirão as maravilhas entre quatro paredes.

Combinação ideal no campo profissional, já que compartilham do mesmo regente, Mercúrio, mas sem chance na cama com os nativos de Virgem. Funcionará pouco, já que Virgem é um dos mais contidos e discretos do Zodíaco e Gêmeos é dado a ser um dos mais engraçadinhos.

Libra é do mesmo elemento, ar, e isso já é um excelente começo. Gostam de falar e são abertos a novidades e criatividade na cama.

A visão ardente do signo de Escorpião fará com que haja um encontro erótico com o "vale tudo" geminiano. A portas fechadas tudo pode acontecer – tudo mesmo!

Sagitário e Gêmeos são opostos complementares. Funcionam bem juntos, já que ambos são bem inquietos e dados a elucubrações verbais.

Poucos resultados são esperados entre o articulado signo de ar e o terreno capricorniano. Este último não é dado a jogos nem a brincadeiras na cama, coisa que o primeiro ama.

Aquarianos estimulam ainda mais a necessidade de novidade e diversão dos geminianos, e compartilham com eles a total ausência de tabu nos temas sexuais.

O jeito suave e vagaroso do pisciano deixará enervado o rápido geminiano, e pouca química acontecerá entre o casal.

Estilo sexual

Caráter sexual	Impulso sexual	Motivação
Fiel	Forte	Desejo*
Volúvel*****	Médio*	Amor*
Propenso ao flerte*****	Fraco	Romance*
Ciumento	Depende da iniciativa do parceiro*****	Aventura****
		Segurança
		Compromisso

PRESENTE IDEAL

Anéis de prata com pedras, como quartzo amarelo e citrino. CDs e DVDs, reprodutores de CDs, máquina fotográfica digital, porta-retratos digital, livro de contos eróticos.

COR AMIGA E DE AFINIDADE: AMARELO

O amarelo, assim como o dourado, simboliza o Sol e significa o poder divino, a iluminação e a imortalidade. Os raios amarelos despertam, inspiram e estimulam a mentalidade superior.

Sendo a cor do intelecto, é mais da percepção do que da razão. Ativa nossos sentimentos mais nobres, traduzindo e despertando uma intensa alegria.

O amarelo é jovial, estimulante e alegre como o geminiano. Como proporciona estímulo mental a ele, muitas vezes é associado à obtenção de sabedoria e ao planeta Mercúrio. É a cor do riso. É considerada uma cor mentalmente estimulante, fazendo com que seja útil em áreas de estudos ou em atividades criativas. Em demasia, porém, essa cor pode provocar dores de cabeça. O amarelo anima a atmosfera de um aposento e faz com que as pessoas se sintam felizes e divertidas, sendo, desse modo, uma boa escolha para aposentos destinados a entretenimento, salas de leitura, biblioteca, livraria.

GEMINIANOS FAMOSOS

ELES

Lenny Kravitz, Paul McCartney, Donald Trump, Johnny Depp, Prince, Lionel Richie, Bob Dylan, Clint Eastwood, Jean-Paul Sartre, Morgan Freeman, Noel Gallagher, Kanye West, Dr. House (Hugh Laurie), Danton Mello, Marco Nanini, Marcelo Falcão, Mano Menezes, Marcos Mion, Kadu Moliterno, Seu Jorge, Rubens Barrichello, Marcos Pasquim, Eduardo Moscovis, Machado de Assis, Fernando Pessoa, Chico Buarque, Erasmo Carlos, Ivan Lins, João Gilberto.

ELAS

La Toya Jackson, Angelina Jolie, Natalie Portman, Alanis Morissette, Naomi Campbell, Elizabeth Hurley, Venus Williams, Paula Abdul, Nicole Kidman, Mary-Kate e Ashley Olsen, Marilyn Monroe, Luiza Brunet, Ivete Sangalo, Fernanda Paes Leme, Marília Gabriela, Flávia Alessandra, Débora Bloch, Maria Bethânia, Arlete Sales, Yasmin Brunet, Adriana Lima, Ticiane Pinheiro, Sthefany Brito, Camila Pitanga, Letícia Spiller, Sônia Braga.

PERSONALIDADE DO SIGNO

Joan Collins
Sol em Gêmeos, Lua em Touro.

Típica geminiana que criou uma imagem de brincalhona, divertida e sofisticada. Casou-se e divorciou-se quatro vezes, trajetória típica de um signo inquieto como o da mulher de Gêmeos.

MODA GÊMEOS

Estilo: esportivo e criativo.

Descrição: pessoa alegre, amiga, jovem, comunicativa, original, independente.

Prioridades nas roupas: confortáveis, de fácil manutenção, exóticas, alegres e divertidas.

Roupas: tecidos naturais, *casual look*, étnicas, sobreposições de roupas, estampas, muitas cores no mesmo *look*, customização, adora motivos temáticos e divertidos.

Cores: tons terrosos, muito branco e marinho, estampas como listras, xadrez, mistura de estampas, cores cítricas.

Sedução Astral

Cabelo

Combina com todos os tons; tudo depende de seu astral e humor. Tem uma quedinha pelo loiro platinado. Essa cor remete à leveza e à agilidade do signo. Corte: repicadíssimo, com franja curta, bem moderno. Como é versátil, pode ter também um tamanho na altura do ombro, para poder usar um coque desarrumado ou uma trança lateral com alguns fios soltos. Tudo com muita personalidade.

CÂNCER, O AMANTE CARINHOSO
21/6 A 21/7

Sua aproximação com o sexo e a sedução não são de forma direta, vão pela tangente. Por dentro de sua "concha" se esconde um interior apaixonado e sensível.

Mantra de Câncer: *Mamãe mandou bater aqui, mas, como sou teimoso, bato aqui!*

TRAÇOS GERAIS

Tudo que você gostaria de saber sobre os cancerianos e ninguém nunca falou

É o quarto signo do Zodíaco, e representa as emoções, o mundo dos sentimentos, a imaginação, fertilidade e capacidade de nutrir, cuidar e apoiar.

Câncer é o signo do Zodíaco que se preocupa primeiro com o bem-estar dos outros, sendo ou não de sua família. Ele nos incentiva a cultivar boas relações com aqueles que cuidam de nós e ainda reservar um tempo para as coisas que nos são importantes. E quando estimamos, investimos nosso tempo, nosso amor e nosso dinheiro.

O signo de Câncer é regido pela Lua e é sensível, amoroso, maternal, dirigido pela intuição. Em seu lado positivo, representa carinho, proteção, sinceridade e lealdade. Em seu lado negativo, representa carência, insegurança, manipulação, mau humor e espírito vingativo.

É possível reconhecer um canceriano por seu sorriso bondoso e postura ambígua. Por trás desse sorriso esconde um olhar melancólico e olhos úmidos e comovedores.

Governa os recursos da terra, a agricultura, as montanhas e os lagos.

Temperamento

Receptivo e nutridor, simboliza o ventre e o útero que o abriga. Tem poderosa intuição e visualiza com facilidade o que ainda não aconteceu. Essa visão do invisível, esse poder de imaginar e a retenção da memória estão entre suas mais fortes características. Como as fases da Lua, seu humor passa por quatro etapas: normal na lua nova; nas alturas na lua cheia; deprimido na lua minguante; e eufórico na lua crescente.

Sofre por causa do excesso de sentimentos. Desconfia da lógica e até da razão, só acredita em seu sexto sentido. Para ele, não é suficiente que um argumento ou projeto seja racional, ele precisa senti-lo. Tem profundos e sensíveis humores, que oscilam de acordo com a reação das pessoas a ele. O reconhecimento do público é o melhor encorajamento para continuar e fazer algo ainda melhor.

Raramente age de forma direta; dá voltas e, assim como o animal que o simboliza, o caranguejo, anda para trás quando tem algum desafio. Busca no passado, nas situações já vividas, respostas para o seu presente. É um signo suave, tímido e agradável, e sabe se camuflar bem.

Planeta regente: Lua

A Lua é responsável pelas constantes mudanças de ânimo e de humor dos nativos desse signo. Símbolo de instintos e reações emocionais, proporciona informações sobre os mundos dos sentimentos e marca muito claramente o lado feminino e receptivo das pessoas. Representa as emoções, o irracional, a emotividade, a sensibilidade, o mutável e o sentimental.

Seu regente faz com que tenha profunda fé na vida e afetuosidade pelas pessoas próximas – família e amigos. Esse satélite brinda o canceriano com uma poderosa intuição, criatividade e incrível imaginação. Como as marés, faz com que o canceriano flutue em seus ânimos.

Melhores qualidades

Sensibilidade emocional, imaginação, lealdade, romantismo, suavidade, generosidade, companheirismo, delicadeza, proteção, emotividade. Amor ao lar, à família, instinto materno/paterno, altruísmo, intuição, acolhimento, emoção, bom negociante, instinto de preservação, calidez, fertilidade, memória, paciência, sinceridade, confiança.

Defeitos duros de engolir

Introspecção, instabilidade e desequilíbrio emocional, suscetibilidade, negatividade, insegurança, timidez, vulnerabilidade, dificuldade de cortar o cordão umbilical, turbulência emocional, teimosia, obstinação, chantagem, lamúrias, inconstância, aprisionamento ao passado, compulsão para acumular, superproteção, dependência afetiva e cobranças afetivas, infantilidade, impulsividade, possessividade, indolência, baixa autoestima, insegurança.

O que o canceriano mais detesta?

Ficar muito tempo fora de casa, horários rígidos, pessoas nervosas e agitadas, rejeição de familiares e abandono dos filhos, situações de partida e despedida, lugares desconhecidos, pessoas agressivas, que falam alto e mandonas, desfazer-se de lembranças do passado, frieza e rigidez, desentendimentos familiares, ingratidão, comer sozinho, gente que maltrata os animais.

Homem de Câncer

É instável, ultraemotivo e por vezes inseguro. Pode estar incomodado por algo que você fez há 10 minutos ou há 1 ano. Como seu sistema de defesa é bem elaborado, decifrar seus pensamentos é quase impossível. É capaz de criar vínculos afetivos de longo prazo e é muito fiel. Sente-se feliz em proteger a amada, com muito carinho, cuidando como se fosse um verdadeiro pai. Separação ou divórcio é um verdadeiro inferno para esse nativo. Como é muito nostálgico, não estará disposto a soltar completamente nenhum sentimento com que tenha entrado em contato com o fim da relação. Talvez nunca mais volte a falar com a mulher que o deixou!

Mulher de Câncer

De natureza tímida e protetora, lembra a mulher dos anos 1950. Ama o romantismo e muitas nativas desse signo não se importam em ser dependentes dos seus amados. Valoriza muito ter uma família e tecer cuidadosamente as relações familiares. É leal, fiel e, quando escolhe um homem, deseja com toda a força do cosmo que seja para sempre. Fará de tudo para manter a família unida e a relação fortalecida. Precisa sentir que seu parceiro age com lealdade e é do tipo de mulher que estará ao lado do amado "na alegria e na tristeza, na saúde e na doença..."

EROTISMO, AMOR E SEXO

Como é no amor

Um dos signos mais fiéis do Zodíaco, é improvável que tenha relações extraconjugais ou que coloque em risco sua parceria por uma aventura passageira. Por ser muito sentimental, tende a recordar o passado, a valorizar a fidelidade e, se for casado, não irá se divorciar tão facilmente.

Procura alguém de que possa cuidar, nutrir, paparicar como a um bebê. Também busca a segurança que o relacionamento pode dar e alguém que consiga tolerar seu humor instável, uma hora alegre, outra hora depressivo.

É cheio de desejos, imaginação, impressões e devoção. Às vezes, a natureza do amor está propensa à dependência doentia e à carência, que reflete apenas uma profunda vulnerabilidade e necessidade de estar perto de pessoas. O mau humor pode visar atrair a nutrição emocional. Há algo tradicional sobre a natureza do canceriano: profundamente sensível às necessidades de seus entes queridos, tende a criar um ninho de amor e proteção, procurando situações estáveis em ambientes cheios de conforto e beleza.

Aqui o amor é cuidadoso, aquele ampara e protege, mas também é carente de atenção. Esse é o amor canceriano, que nutre e cativa o outro com pequenos gestos de amor, mas pode tornar o outro dependente ou ele próprio depender de cuidados dos outros. Naturalmente tímido e sentimental, Câncer tem muita fragilidade emocional e precisa de demonstrações de afeto.

Apegado às lembranças do passado, não se esquece de seus antigos amores e é capaz de amar alguém por longo tempo. Por causa de sua fragilidade no amor, só se envolve com muita cautela, tendo o cuidado de dar tempo ao tempo para conhecer alguém. Ele precisa desenvolver primeiro a confiança e pode se ofender facilmente; ao menor sinal de rejeição, recua para sua concha.

Para conquistar um nativo de Câncer é preciso alto grau de sensibilidade. Ele aprecia as coisas feitas com amor e dedicação, além de muita sinceridade. Aqueles com Vênus em Câncer se atraem pela ternura e familiaridade. Sua natureza tímida e passiva está em busca da segurança emocional e, às vezes, pode ter a expectativa de que os outros instintivamente sabem do que precisa, sem ter que verbalizar isso.

Quando ama, tende a oferecer comida, porque, para ele, alimento é reconfortante e representa um gesto de cuidado, algo que tem de sobra.

Como conquistar ou fisgar um canceriano

É preciso deixar claro que você está à procura de um parceiro estável e confiável. Boa estratégia para quebrar sua resistência inicial: convide-o para ir até a sua aconchegante e confortável casa e, chegando lá, faça um jantar incrível. Isso é tudo que o canceriano mais deseja. A partir daí, ele é todo seu!

Para excitá-lo, que tal sorvete de creme espalhado por todo o corpo? Já que ele tem uma queda por doces, essa é uma forma gostosa e excitante de começar uma boa transa.

Ele nunca começa um relacionamento pensando que pode terminar, pois o foco é sempre casar, fazer família, ter filhos. Nasceu para isso, e, quando esse projeto não dá certo, ele se fecha em sua carapaça e dificilmente coloca a cabeça para fora tão cedo. Para fisgá-lo, você precisa devolver-lhe a segurança emocional perdida, deixando bem claro, por meio de atitudes e não de palavras, as suas intenções de amor, fidelidade e companheirismo eternos. Caso contrário, esqueça.

Entre quatro paredes... Seu beijo e comportamento na cama

É nostálgico e sentimental, e gosta de desfrutar do sexo, principalmente seguro, em uma relação monogâmica. Na cama, seu estilo consiste em dar afeto, preocupar-se com o parceiro e compartir tudo. Precisa cuidar do amado. Por estar muito focado no desejo de proteger, pode ficar inclinado à possessividade sexual. Tanto os homens quanto as mulheres desse signo tendem a desempenhar o papel de mães e pais perante o parceiro. Podem inclusive tratá-los como crianças e vigiá-los com certa paranoia.

A experiência sexual com esse signo é sumamente satisfatória. Eles são criaturas orais e a busca pelo prazer é hedonista. Amam fazer o famoso 69, porque o sexo oral é mais que uma experiência sexual, é algo espiritual; se seu objetivo é se envolver com um canceriano, prepare-se para chupadas amorosas desse leal e protetor nativo. O sexo, para ele, é o antídoto perfeito contra a depressão, silencia suas preocupações, abre seus olhos para o lado amável da vida.

É capaz de ler os pensamentos sexuais de seu parceiro e se envolve na transa com total intensidade. Esse não é o signo para fazer um *swing*, ter fantasias de sexo selvagem ou não convencional. Nesse caso, melhor procurar por Gêmeos, Sagitário ou Aquário.

Seu beijo é movido a emoções. Ele se entrega de corpo e alma àquilo que para um signo menos romântico, como o de fogo ou ar, seria um simples beijo. O ato de beijar costuma ser suave, carinhoso, apaixonado e com mãos ao redor dos cabelos, língua que dá volta de 180 graus na boca do amado.

Ata-me

Câncer é romântico, um dos mais sensíveis, carinhosos e intuitivos do Zodíaco. Precisa receber muitos cuidados, mimos e demonstrações de afeto. Seu regente, a Lua, o converte em um signo profundamente complexo e multifacetado, com uma grande imaginação. É o homem mais romântico do Zodíaco.

Nível de fidelidade: bem alto. Além de valorizar muito a vida a dois, não tem coragem de dar uma escapadinha, pois sabe que ficaria estampada em sua cara a infidelidade.

Sua fantasia

Seria um lindo oásis em uma tenda cheia de fragrâncias doces e sedutoras. Apesar de ter uma vívida imaginação, tende a reprimir um pouco suas fantasias sexuais e só consegue compartilhá-las com um parceiro de total confiança e com quem tenha muita intimidade.

Um romântico encontro em uma linda praia, com uma bela manta e almofadas na areia e, claro, um bom vinho para deixá-lo bem relaxado. Por ser um signo de água, vai gostar de fazer sexo dentro do mar, na banheira ou na piscina.

Seu ponto G

Intuitivo e supercarinhoso, o canceriano se derrete ao ser tocado no peito e na parte alto do estômago. Coloque sua cabeça nessa área ou massageie-a com óleo perfumado ou cremes. O símbolo da amamentação corresponde a esse signo, portanto, comece a tocar o peito dele, passando o dedo suavemente ao redor das aréolas e, ao mesmo tempo, beijando-o intensamente.

Fazer carícias lentas e suaves em seu peito, em vez de pressioná-lo, é um bom começo. Lamber os mamilos por cima da roupa é uma das melhores maneiras de fazer um canceriano soltar seu lado selvagem. São necessárias muitas preliminares para esquentá-lo. Um contato visual íntimo e erótico e suaves mordidas na região peitoral são a fórmula segura de uma incrível noite de sexo.

Compatibilidade

Com um ariano a coisa desandará, com certeza. Na cama a incompatibilidade é forte. Enquanto o fogoso ariano está indo para o ato em si, o romântico canceriano está apenas começando suas longas preliminares.

Com os taurinos, será algo lento, porém constante. O ato sexual tende a ser longo, sem pressa e muito prazeroso.

O canceriano achará os geminianos excitantes na primeira noite, mas, a partir daí, sentirá que a "coisa" não andará bem. Um tende a ser demasiado mental, e o outro, excessivamente emotivo.

Com seu próprio signo, é tudo de bom. Ambos são pegajosos e sensíveis. Um inflará a alma do outro.

O fogo do leonino atiçará o canceriano. Ambos são exclusivistas e isso é bom. Haverá ardor e desejo e Leão irradiará a possessividade de que os suaves cancerianos gostam. Desafios à parte, já que temos fogo x água, é uma boa dupla.

A terra de Virgem mesclada à água de Câncer produz mais que argila/barro, e sim "lindas peças de cerâmica". Suaves movimentos eróticos e relações sexuais noturnas são promessas seguras.

Libra e Câncer têm em comum o romantismo. Mas para por aí, portanto, pouquíssimas são as chances de entendimento. Libra achará seu parceiro instável demais e o canceriano sentirá que o vaidoso libriano é um amante carente.

Escorpião trará um grande fascínio sexual a Câncer, já que ambos são regidos pelo elemento água. O escorpiano estará disposto a dar o que o canceriano necessita entre os lençóis, desde o começo da noite até a madrugada; intensidade, paixão e súplicas de "quero mais"!

Para algo curto e sem profundidade, essa parceria com Sagitário será divertida. O sagitariano sentirá prazer na doçura do canceriano na cama, e o nativo de Câncer ficará ultraexcitado com as atitudes "vale tudo" do parceiro. Mas só no começo, já que depois as possibilidades de se darem bem ficarão cada vez mais escassas.

Câncer e Capricórnio são opostos complementares. Funcionam bem, pois o canceriano fica hipnotizado com o paciente, ambicioso e competente parceiro capricorniano. Saltarão chispas sexuais dos lençóis.

Aquarianos podem assustar o canceriano com sua incrível necessidade de liberdade e certa frieza emocional. O sexo será medíocre se chegarem às vias de fato. Para o aquariano, o sexo é puro entretenimento, e, para o canceriano, o ato sexual é como uma união de almas.

O jeito melodramático do pisciano deixará enlouquecido o tímido e suave parceiro. Ambos são afetivos e dispostos a dar e haverá altas sessões eróticas. Como ambos são de signos de água, a confiança será um assunto muito importante, que solidificará ainda mais os vínculos na cama.

Estilo sexual

Caráter sexual	Impulso sexual	Motivação
Fiel*****	Forte	Desejo**
Volúvel	Médio	Amor*****
Propenso ao flerte	Fraco	Romance****
Ciumento*****	Depende da iniciativa do parceiro*****	Aventura
		Segurança***
		Compromisso*****

PRESENTE IDEAL

Colar de pérolas, serenata de amor ao pé da janela com canções sentimentais, flores brancas, um porta-retratos do casal, perfumes adocicados em frascos delicados, um livro de culinária afrodisíaca.

COR AMIGA E DE AFINIDADE: BRANCO

Essa é a cor da pureza e do contato com o mundo sutil. Ela é a mais pura de todas as cores.

É a cor mais protetora, contribui para a paz e o conforto, alivia a sensação de desespero e de choque emocional, ajuda a limpar e clarear as emoções, os pensamentos e o espírito.

Se você precisa de tempo e espaço em sua vida porque se sente pressionado, o branco é a cor que pode dar a sensação de liberdade para se esquecer das opressões.

Demasiado branco, quando não é necessário, pode dar a sensação de solidão e frio.

Palavras-chaves da cor branca: luz, bondade, inocência, pureza, virgindade, otimismo, perfeição, isolamento, frio.

CANCERIANOS FAMOSOS

ELES

Gilberto Gil, Emerson Leão, Erik Marmo, Pedro Neschling, Otto, Serginho Groisman, Carlos Alberto Riccelli, Dalton Vigh, Murilo Benício, Luigi Baricelli, Bussunda, Ronnie Von, Hermeto Pascoal, Omar Cardoso, Ney Matogrosso, Mario Quintana, João Bosco, João Guimarães Rosa, Tom Cruise, Sylvester Stallone, Pablo Neruda, Dalai Lama, Giorgio Armani, Jean Cocteau, Ernest Hemingway, Júlio César (imperador romano), Rembrandt, Lionel Messi.

ELAS

Frida Kahlo, Lindsay Lohan, Meryl Streep, Princesa Diana, Isabelle Adjani, Liv Tyler, Courtney Love, Jerry Hall, Marisa Monte, Grazi Massafera, Ana Paula Arósio, Ana Botafogo, Beth Lago, Baby do Brasil, Lúcia Veríssimo, Flávia Monteiro, Fernanda Lima, Gisele Bündchen, Zezé Motta, Dercy Gonçalves, Luiza Possi, Caroline Trentini, Ingrid Guimarães.

PERSONALIDADE DO SIGNO

Pamela Anderson
Sol em Câncer, Lua em Touro.

Ícone sexual e garota de capa da revista *Playboy*, é uma canceriana típica. Valoriza acima de tudo seus seios, que são sua marca registrada. Apesar da fama de namoradeira, valoriza muito sua vida familiar.

MODA CÂNCER

Estilo: romântica e elegante.

Descrição: doce, gentil e ao mesmo tempo muito exigente. A mulher é feminina e elegante; no caso do homem, é um cavalheiro, um verdadeiro *gentleman*.

Prioridades na roupa: qualidade; quando mulher, muito feminina, com toques refinados; quando homem, elegante.

Roupas: no caso das mulheres, formato e texturas delicadas, com itens como renda, laços e fitas, estampas florais, cores sutis. Às vezes seguem o estilo *vintage*, sempre acompanhado de qualidade. Os homens trocam a camiseta pela camisa, adoram um *blazer*, assim como um tricô, tudo acompanhado de qualidade e caimento.

Cores: mais claras, tons pastel. Na roupa social masculina, ele opta por *blazer* azul-marinho acompanhado de camisa branca.

Sedução Astral

Cabelo

A super-romântica do Zodíaco pede um chanel moderno, ultrajovial. Ele vai quebrar sua tendência ao estilo retrô romântico. Os longos em camadas na cor castanho--claro com algumas luzes também agradam.

LEÃO, O AMANTE DRAMÁTICO
22/7 A 22/8

Com o Sol como regente, ele é o rei do Zodíaco, amando ser o centro das atenções e enamorando-se o tempo todo. É apaixonado e muito exigente nos quesitos amor e sexo.

Mantra de Leão: *Espelho, espelho meu, existe alguém mais belo do que eu?*

TRAÇOS GERAIS

Tudo que você gostaria de saber sobre os leoninos e ninguém nunca falou

É o quinto signo do Zodíaco, do elemento fogo, e o que representa poder, energia, criatividade. São otimistas, cheios de vida, corajosos, resistentes, afetuosos e animados. Ambiciosos por natureza, seu signo rege a fama, e eles tendem a ter personalidade criativa e sonhos grandiosos. Necessitam ser reconhecidos pelos seus dotes individuais.

Seu regente, o Sol, é a base da vida, da reciprocidade, da jovialidade e de todo o potencial criador do leonino.

São ótimos incentivadores, encorajando a todos com muito entusiasmo em tudo que lhes traga felicidade. São parceiros que permanecem com você em tempos bons e ruins.

É o signo que tem o maior dom de iluminar os ambientes e atrair a atenção. Os leoninos são carismáticos, exibicionistas, ostentam elegância natural, são confiantes e gostam de ser chamativos. Essas características provêm da energia emitida por seu regente Sol, que imprime o próprio brilho a seus filhos.

Governa as diversões, a criação, as artes, o romance e tudo que se relaciona ao jovem e à criança.

Temperamento

Talentoso, tem incrível capacidade de liderança, é independente e inconformista. Sua mente ativa é sempre geradora de ideias brilhantes e lucrativas. É orgulhoso, tem dificuldade em pedir ajuda, ele se basta.

Criativo e apaixonado, necessita ser o centro das atenções, podendo ser um bom ator ou artista de palco. Precisa colocar um toque de elegância em tudo.

Sua força de vontade e a necessidade de se sobressair são os traços mais fortes do seu signo. Considerado o rei do Zodíaco, sua energia é colocada na liderança, valentia, audácia, dramatismo e extravagância.

De todos os signos, é o que lida com maior facilidade com o poder. Possui um brilho pessoal e uma forte presença. Apaixonado por diversão, música, teatro e todo tipo de entretenimento. Essas são coisas que dão alegria à sua vida. Para eles, uma vida sem felicidade não é vida!

Planeta regente: Sol

Leão é regido pelo Sol, que é energia, vitalidade, liderança e força. Em Astrologia, ele marca a ação e o desenvolvimento das pessoas, assim como sua singularidade. O Sol marcará seu ânimo e seu crescimento como indivíduo.

Representa o Eu consciente, a vida, a vontade, a capacidade afetiva e a relação com o social, a energia vital, a força física e psíquica, a evolução, o idealismo e a autoafirmação.

Melhores qualidades

Autoestima, autoridade, capacidade de amar, força moral, liderança, figura do pai, nobreza de caráter, prazer de viver, confiança, generosidade, alegria, bom humor, segurança, autossuficiência, honradez, diplomacia, ambição.

Defeitos duros de engolir

Vaidade, autoritarismo, exibicionismo, ataques de ira, prepotência, narcisismo, orgulho, arrogância, falta de modéstia, egocentrismo, descontrole, volubilidade, temperamento instável.

O que o leonino mais detesta?

Críticas, desamor, ser desautorizado, ser cobrado, ser esquecido, ficar sem refeições e sem sono na hora certa, impedimento ao lazer, ausência de plateia e de aplausos, cerceamento de liberdade, economia forçada, receber ordens, ficar desacompanhado e ser mal-amado.

Homem de Leão

É fanfarrão e muito divertido. Adora entreter as pessoas, e embora seu ego inflado possa levar o outro à loucura de vez em quando, é certo que seu sentido de humor conquiste a todos. Eternamente otimista, sempre tira o melhor de uma situação ruim, mesmo que para isso tenha de mudar sua forma de ver a realidade para se acomodar à situação que está enfrentando.

Mulher de Leão

É a verdadeira diva do Zodíaco. Seu cartão de visita é o drama, que é demonstrado onde quer que esteja. Adora ser o centro das atenções, os holofotes e oportunidades em que possa brilhar. De caráter vívido e colorido, tem personalidade sedutora, sonhadora, mandona, magnética e de sonhos grandiosos.

EROTISMO, AMOR E SEXO

Como é no amor

A lealdade é importante para ele. Busca relacionamentos firmes e duradouros, mas tende a ser ciumento e territorial. Gosta de controlar o parceiro e pode ser arrogante quanto às suas necessidades. Um leonino apaixonado é dramático ao extremo, expressando sem hesitação suas emoções, que são sempre fortes. Para ele, um relacionamento satisfatório é o elemento básico de sua felicidade.

Busca alguém com quem compartilhar suas ideias criativas, que goste de crianças e queira ter filhos. Geralmente deseja mais uma plateia para aplaudi-lo ou um companheiro de brincadeiras do que um verdadeiro amor.

Em geral é extravagante em tudo, até no namoro. Gosta de dar presentes ao amado como forma de demonstrar apreço. Quando apaixonado, é direto, mas é gentil e age de modo insinuante. Precisa de devoção do outro e sentir que é reconhecido pelos seus talentos na arte de amar. É extremamente romântico e sabe muito bem demonstrar seus sentimentos. Mas costuma ser ciumento e espera ser a maior prioridade na vida do parceiro.

Tende a ser sedutor, fogoso, orgulhoso, nobre e exigente. Detesta a vulgaridade e busca um grande amor, até com perigo de ser platônico. O romance faz com que se sinta vivo, dando impulso necessário para qualquer iniciativa. Quando se apaixona, o leonino se transforma, deixando os antigos casos de lado e mostrando a faceta mais generosa de sua personalidade.

Como conquistar ou fisgar um leonino

Ama ser chupado, que lhe façam uma felação. E gosta de receber esse carinho por razões mais do que físicas: é porque adora ter poder sobre o outro e também para reforçar a ideia de que é um deus.

O leonino é independente, mas não é difícil ser fisgado para um relacionamento estável, pois, apesar de pertencer ao elemento fogo, não é volúvel nem mutável em suas escolhas.

É movido a paixão e seus gestos sempre são exuberantes e carregados de energia. Para conquistar definitivamente um leonino, responda sempre a suas manifestações apaixonadas com receptividade. As críticas nunca serão bem-vindas, assim como as tentativas de destrutividade a qualquer manifestação de alegria e paixão que demonstre. A alegria deve estar sempre presente, assim como o amor deve sempre ser manifestado. Uma pessoa sem brilho não movimenta as paixões dos leoninos.

Entre quatro paredes... Seu beijo e comportamento na cama

Como signo de fogo, é apaixonado e muito exigente no sexo. É um amante confiável, fiel e seguro de si mesmo. É teatral, tem muita vitalidade e uma força sexual incrível, que atrai todos à sua órbita fascinante. É dinâmico e se entrega de cabeça ao erotismo.

Leonino é fogoso e ama com facilidade. Com o coração sempre aberto aos relacionamentos, costuma se entregar à pessoa amada como se fosse o personagem de um tórrido romance. O beijo do leonino é quente, tão quente que pode deixar você desconcertada. A paixão é sua principal marca, assim como certa voracidade. Ele saberá onde colocar cada parte de seu corpo em apenas um beijo, portanto, não tenha medo de se entregar.

É daqueles que gostam de montar o cenário da transa. Escolherá um lençol de cetim, colocará na cama pétalas de rosas, velas aromatizadas, champanhe francês; tudo para mimar e seduzir você. O sexo é uma experiência teatral e tudo é muito bem preparado. Ele é um excitante parceiro na cama, além de divertido, brincalhão e criativo. Quanto mais ele der prazer, mais feliz ficará. É generoso e prefere o sexo compromissado; nada de ter vários parceiros e transar sem nenhum comprometimento.

Na cama, os leoninos são os reis e rainhas do pedaço. Aqui a máxima é: se você não aguenta o calor, fique longe do fogo leonino! Quando está excitado, expressa seu desejo carnal feito um felino. É difícil recusar o libidinoso Leão, já que é um signo que não aceita negativas. Necessita de sexo regularmente e em abundância. Gosta de sexo ardente. Tende a demonstrar fisicamente suas declarações de amor e a profundidade de sua paixão.

Leão não é bom para ler entrelinhas, de modo que é importante ser direto, com uma comunicação clara, com palavras exatas e não sussurros. É leal e fiel.

Ata-me

Leão é cheio de paixão, sedutor e dono de uma *performance* na cama de dar inveja!

Regido pelo Sol, astro rei, é o mais nobre dos signos. É viril, tem força, energia e uma vitalidade acima da média. Muito masculino e atraente, é puro sexo, além de ser seguro de si. Faz uma mulher se sentir a verdadeira rainha na cama!

Nível de fidelidade: altíssimo. Um dos mais fiéis do Zodíaco, simplesmente não passa por sua cabeça a ideia de trair. E, se descobrir uma traição, jamais perdoará a parceira.

Sua fantasia

O que mais excita o leonino é se divertir na cama, usar brinquedos e adereços eróticos, fazendo exibições, usando fantasias sensuais, gravando vídeos provocantes, experimentando posições variadas e criativas. Ama a dramaticidade. Ir a uma festa à fantasia, na qual esteja trajando um modelo cheio de *glamour* e, num cantinho escondido, carregando uma garrafa de bebida, ter uma bela transa, é o que mais o excita. Ser amarrado à cama para poder ser "abusado" é puro prazer para ele. Derramar champanhe em seu corpo para ser todo lambido, então, é o céu para o leonino!

Seu ponto G

Estimule toda a zona do coração, o centro do peito e a região lombar. O plexo solar também é regido por esse signo. Faça tudo com calma e dedicação. Uma dica? Apoie seus lábios suavemente nessas áreas para estimular sua fantasia erótica. A região das costas, desde o pescoço até acima do glúteo e a coluna vertebral, também é altamente excitante. É importante para ele ouvir os gemidos de seu parceiro. Isso alimenta seu incrível ego.

Compatibilidade

Fogo que atiça fogo é a definição de Áries com Leão. Poderá produzir uma relação não tão longa, mas ambos ficarão plenamente satisfeitos na hora da transa.

Com os taurinos, será uma tourada às avessas. Leão precisa ser o chefe e o obstinado Touro não vai entrar nessa.

Achará os geminianos inconstantes, mas divertidos; para algumas noites, será formidável.

Com Câncer, se for um sexo ocasional, será gentil, mas não passará da primeira noite.

Leão com seu próprio nativo é puro prazer. Um sabe o que o outro mais deseja e como satisfazê-lo até o último gozo.

Para Leão, a mente não é necessária na hora de uma boa transa. Já o virginiano não pensa assim. Falta total de sintonia. Melhor nem tentar!

Libra e Leão, com ajustes, funcionam bem. O chique libriano terá de ser menos diplomático e mais aberto. Dessa forma haverá química entre os dois.

Leão e Escorpião terão um grande fascínio sexual um pelo outro. Aqui teremos uma explosão cósmica com alta voltagem sexual. No entanto, a natureza extrovertida do leonino terá que ser controlada para não matar o escorpiano de ciúme.

Parceria divertida e cheia de camaradagem e risos com Sagitário. Serão inseparáveis enquanto houver espírito de aventura e encontros selvagens.

O capricorniano considerará o leonino obsceno e desinibido demais. Já o leonino achará seu parceiro de terra um tanto quanto convencional. Só haverá falta de sintonia.

Leão e Aquário são opostos complementares. Funcionam bem por um tempo, em que o leonino ficará hipnotizado com o sem limites e divertido aquariano. Depois de certo tempo, porém, a falta de romantismo do parceiro de ar vai frustrar o companheiro.

O jeito suave e de vítima de Peixes vai cansar o parceiro de fogo. E o parceiro de água vai achar o leonino muito fanfarrão. Não rola!

Estilo sexual

Caráter sexual	Impulso sexual	Motivação
Fiel***	Forte****	Desejo***
Propenso ao flerte*	Médio	Amor**
Ciumento***	Fraco	Romance**
	Depende da iniciativa do parceiro	Aventura
		Segurança**
		Compromisso*

PRESENTE IDEAL

Qualquer coisa de ouro, anel, brincos, escultura, relógio, echarpe de caxemira, um incrível porta-retratos com sua foto em seu melhor ângulo, chaves de uma suíte presidencial, viagem em um transatlântico.

COR AMIGA E DE AFINIDADE: AMARELO (E DOURADO)

Simboliza o Sol e significa o poder divino, a iluminação e a imortalidade. Os raios amarelos despertam, inspiram e estimulam a mentalidade superior.

Depois da cor branca, a amarela é a que mais energia fornece, tornando-se a mais alegre das cores na cromoterapia. Sendo a cor do intelecto, é mais da percepção do que da razão. Ativa nossos sentimentos mais nobres, traduzindo e despertando uma intensa alegria.

O amarelo é a cor do sol, que lança sobre nós sua energia, que confere vida. O amarelo é jovial, estimulante e alegre. Como proporciona estímulo mental, muitas vezes é associado à obtenção de sabedoria. O amarelo pode avivar o aposento mais sombrio. Na antiga China, considerava-se o amarelo a cor do riso. O amarelo está relacionado ao elemento terra.

Por ser mentalmente estimulante, o amarelo é útil em áreas de estudos ou em atividades criativas. Anima a atmosfera de um aposento e faz com que as pessoas se sintam felizes e divertidas, sendo, desse modo, uma boa escolha para aposentos destinados a entretenimento.

LEONINOS FAMOSOS

ELES

Napoleão Bonaparte, Barack Obama, Bernard Shaw, Carl Jung, Aldous Huxley, Mick Jagger, Robert De Niro, Bill Clinton, Antonio Banderas, Ben Affleck, James Cameron, Kevin Spacey, Sean Penn, Matt LeBlanc, Daniel Radcliffe, Wagner Moura, Ney Matogrosso, Millôr Fernandes, José Wilker, Caetano Veloso, Ney Latorraca, Cássio Reis, Wagner Moura, Fernando Alonso, Rodrigo Santoro, Murilo Rosa, Nelson Piquet, Rui Guerra.

ELAS

Jacqueline Kennedy Onassis, Melanie Griffith, Sandra Bullock, Jennifer Lopez, Whitney Houston, Charlize Theron, Mae West, Elle Macpherson, Bruna Lombardi, Isabel Fillardis, Yoná Magalhães, Daniela Mercury, Elba Ramalho, Ana Moser, Danuza Leão, Sheila Mello, Irene Ravache.

PERSONALIDADE DO SIGNO

Madonna
Sol em Leão, Lua e ascendente em Virgem.

Quintessência do Leão. Ama os holofotes, abre sua vida para que todos possam ver como desfruta da fama, da glória e do dinheiro. É vaidosa e exibicionista. Até nas suas produções para os shows Madonna demonstra sua natureza solar usando roupas sensuais e de bom gosto.

MODA LEÃO

Estilo: sexy e elegante.

Descrição: pessoa que gosta de chamar a atenção por meio da sensualidade sem perder a elegância. Uma mistura de exibicionismo com luxo e muita vaidade.

Prioridades na roupa: roupas que marcam as formas do corpo, que sugiram sensualidade, de tecidos e cortes sofisticados.

Roupas: para as mulheres, mais justas, decotes, fendas, joias poderosas, pernas à mostra, tecidos luxuosos e muita grife. O homem também adora grife, desde que venha acompanhada de poder, sofisticação e sedução.

Cores: para as mulheres, muito brilho, dourado e vermelho; já para os homens, o preto e o branco são cores fundamentais.

Jacqueline Cordeiro e Titta Aguiar

Sedução Astral

Cabelo

As filhas do Sol têm o dom de iluminar o ambiente quando chegam. mpossível não notar sua presença, até porque sua missão de vida é ser notada. Nasceu para o dourado, com fios compridos e volumosos, que combinam com sua personalidade exuberante. Também gosta do repicado longo com franja lateral.

VIRGEM, O AMANTE PERSPICAZ E DETALHISTA
23/8 A 22/9

O metódico virginiano pode ser tímido em público, mas, quando entra em intimidade, revela uma personalidade cheia de sensualidade e carisma. Tem uma natureza sexual forte e está aberto para obter mais sabedoria e experiência no terreno do amor e do sexo.

Mantra de Virgem: *Quando a esmola é demais, o santo desconfia.*

TRAÇOS GERAIS

Tudo que você gostaria de saber sobre os virginianos e ninguém nunca falou

É o sexto signo do Zodíaco, regido pelo elemento terra, e o que representa a capacidade de análise, organização e o trabalho bem-feito.

Crítico e exigente, tem pouca capacidade de ver o geral, detendo-se nos detalhes.

Em geral são pessoas que não se importam com a solidão, muitas vezes optando por ela em vez de burburinhos sociais ou programas sem sentido. Adoram viajar e especialmente estar em contato com a natureza. Preferem conviver com pessoas que têm os mesmos gostos, hábitos e, principalmente, que pensem da mesma maneira e briguem pelo mesmo ideal. Sim, porque eles são idealistas. Seu lema é "antes só do que mal acompanhado".

O nativo de Virgem é uma companhia generosa e solícita. Ajudará os amigos a entrarem em sintonia com os detalhes da vida. É capaz de preparar uma rica canja de galinha quando alguém estiver doente e permanecerá ao lado da pessoa até que o outro se sinta bem. O problema é seu temperamento exigente e detalhista demais. A necessidade que tem de estar no controle e não correr riscos é absurda.

Por ser regido por Mercúrio, planeta adaptável e mental, é esperto e rápido para assimilar e ensinar. É extremamente prático e analítico com relação a tudo. Expressa suas ideias com clareza.

Governa as classes trabalhadoras, o campo e os produtos da terra e tem ligação com o que um povo ou uma nação produz.

Temperamento

Amante dos detalhes, eterno perseguidor da perfeição, é prático e muito exigente. Necessita de ordem, clareza e estabilidade em sua vida, em seu trabalho e nos relacionamentos.

De natureza racional, caracteriza-se por ser inteligente, humilde e esforçado. Bom comunicador, porém não é de falar por falar, evita as conversas improdutivas. Crítico ao extremo, é duro com as palavras e de pouco tato social – quando não gosta de alguém, é perceptível o desagrado.

Signo relacionado com a saúde e o trabalho, representa a colheita daquilo que semeou, os frutos de um trabalho meticuloso e silencioso. Virginianos são trabalhadores incansáveis, organizados e confiáveis. Avaliam a vida por meio das ações, da lógica e das conquistas. Serenos e precisos, têm tudo sob controle, sendo excessivamente limpos e metódicos.

Tendem a terminar o que outros começam e abandonam, jamais deixando nada sem concluir e se esforçando ao máximo para fazer bem-feito.

Planeta regente: Mercúrio

Mercúrio, seu planeta, revela a forma como pensa e se comunica, além do seu nível de inteligência, que, em geral, é alto. Mercúrio nesse signo de terra fala do lado prático de sua natureza. Mostra a faceta mais pragmática e astuta do planeta. O pensamento é posto a serviço do concreto e real.

Mercúrio representa a relação mental com o mundo exterior, a inteligência, a perfeição intelectual, o contato com o mundo por meio do conhecimento, a expressão, a razão, a crítica, a lógica, o cálculo, a curiosidade e a adaptação às mais variadas situações.

Melhores qualidades

Aprimoramento, amor maduro, alto padrão de qualidade, sentido de utilidade, prestação de serviços, facilidade em criar sistemas e métodos, perspicácia, organização, sentido prático na vida, perfeição, exigência, estabilidade e resultados, discernimento, astúcia, generosidade, piedade, pontualidade, senso de justiça, praticidade, confiabilidade.

Defeitos duros de engolir

Culpa pelo prazer, trabalho compulsivo, sabotagens, hipocondria, manias generalizadas, crítica impiedosa, sentimentos de exploração, frieza nas relações, humor ácido, falta total de romantismo, ceticismo, nervosismo, hedonismo, frigidez, melancolia, intolerância.

O que o virginiano mais detesta?

Desorganização, ociosidade, gente pouco prática, falta de higiene, descontrole emocional, inércia, preguiça, infidelidade, desemprego, delírios emocionais, descaso com a saúde, quebra da rotina, superficialidade e imperfeições.

Homem de Virgem

É cauteloso, racional, reflexivo e muito cerebral. Tem pavor de mulheres impulsivas, irracionais, escandalosas ou que sofrem de terríveis crises de TPM. No princípio, tende a ser tímido, mas depois de romper o muro que levanta – por pura precaução – é possível descobrir um homem viril e ardente, com um dinamismo sexual incrível. Quer tanto agradar o parceiro quanto sentir prazer. Para ele a vida é uma série de contratos, e, se sua relação com um virginiano não tem um limite definido, ele poderá abusar sutilmente de você.

Quando sua natureza crítica domina sua mente, coitado de seu parceiro. Dirá a ele, sem piedade: "Esta sua cicatriz está cada vez maior". Colocará o dedo na ferida do outro, sem nenhuma pena, mesmo sabendo que ali é território perigoso de mexer.

Mulher de Virgem

É uma amante dedicada, preocupada com o parceiro e muito ligada à higiene pessoal e à aparência. É mais puritana ou carola que o homem de Virgem, já que considera a sexualidade um ato sagrado.

Está pronta a provar que é tão eficiente como qualquer homem e a igualdade na relação é fundamental para ela. Não busca apenas amor e sexo, busca um companheiro para sempre. É apaixonada por comunicar-se, de modo que só cortará uma conversação se considerar seu interlocutor estúpido demais. Odeia que lhe deem conselhos que não pediu, portanto, melhor manter a boca fechada. Pouco adepta do romantismo, prefere homens mais pé no chão, inteligentes e bem-sucedidos.

EROTISMO, AMOR E SEXO

Como é no amor

Virgem é perfeccionista no amor, assim como nos outros assuntos de sua vida. Busca um parceiro tolerante, de mente rápida e aberta e que possa admirar profissionalmente. Quando se apaixona, não perde tempo com atitudes românticas. Prefere ações a palavras.

Busca um relacionamento funcional, em que predomine a ordem, a limpeza e o bom senso, alguém que faça com que tudo corra como deve ser, sem sair da rotina e sem grandes contratempos.

Expressa seu amor com gestos úteis, e dificilmente falará "eu te amo" a cada dois dias. Não é desse tipo. Quando ama, demonstra isso sendo solícito, estando presente, cozinhando, consertando o rádio. Dá mais valor a demonstrações práticas e úteis do que a enviar flores, bombons, cartão no Dia dos Namorados.

É comedido e nem um pouco espontâneo. O que falta na demonstração de paixão é compensado com dedicação, no cuidado com o bem-estar do amado, na fidelidade e lealdade.

Cheio de pudor e reservado, no amor o virginiano poderia ser de outra época. Só demonstra seus sentimentos e a paixão na intimidade. Seus relacionamentos são duradouros, inclusive para toda a vida, e fará o possível para evitar a separação. Gosta da sedução pausada e de desfrutar da conquista. Algumas vezes se mostra frio e será crítico se não for correspondido. Seu amor é para a vida toda. Destina toda a sua energia a construir uma relação sólida.

Como conquistar ou fisgar um virginiano

Por ser discreto e prezar sua imagem pessoal, detesta ser exposto publicamente com tórridas cenas de amor. Não gosta que suas dificuldades e defeitos sejam apontados de maneira alguma. Para fisgá-lo, a regra número 1 é não apontar seus defeitos, nunca colocar o dedo em riste na cara dele e não feri-lo em sua dignidade. Converse sempre, racionalmente, sem demonstrações de descontrole, sem muitos altos e baixos emocionais ou raiva. Virginianos, tanto homens quanto mulheres, detestam cenas intensas de indignação ou dramatismo. Mantenha a razão acima das emoções sempre, em qualquer situação.

Entre quatro paredes... Seu beijo e comportamento na cama

Para se aventurar no terreno sexual, precisa de ambiente impecavelmente limpo, parceiro perfumado, lençóis agradáveis e conexão com a outra pessoa. Sexo por sexo não rola!

No quesito beijo, a menos que se sinta seguro, ele é tímido, necessita de um tempo para se soltar, e seu beijo não é diferente de seu temperamento. Ele pode rodear até mostrar o que realmente deseja, mas nunca mostra totalmente. Mantém sempre uma maneira de estar protegido. No entanto, quando se solta, como todos os signos de terra, mostra sua verdadeira capacidade de entrega. Demora a deixar que o outro veja seus talentos, mas, quando decide mostrá-los, sempre surpreende. Por ser bem detalhista, é do tipo que, enquanto estiver com a língua dentro da boca do parceiro, usará suas mãos para explorar suavemente o corpo do amado.

Ele é discreto e entre quatro paredes age de forma parecida. É um signo que preza os limites e afetivamente não foge desse padrão. Sua reserva soa como mistério e acaba atraindo muitos amantes, mas mesmo assim ele prefere a discrição. Não gosta muito de falar de sua paixão, que demonstra com atitudes e não com frases açucaradas. Mas, por ser um signo regido por Mercúrio, gosta de elogiar e falar de sua admiração pela pessoa amada, mas isso só acontecerá depois de longos encontros. Apressado não é uma palavra que existe em seu dicionário.

Higiene perfeita na cama é fundamental para ele. É hipersensível quanto à própria saúde e talvez até flerte com certa hipocondria. É cauteloso e expressa isso reservadamente nos seus relacionamentos. É aquele que deseja nutrir os desejos mais profundos do parceiro e personifica os modos mais sensuais e adoráveis quando entre quatro paredes. Como bom signo de terra, é motivado por aspectos físicos e é extremamente sensual. Quando se entrega, é muito apaixonado e quente no quesito sexo.

A transa é uma maneira de descarregar sua abundante energia nervosa, desde que esteja bem à vontade com o parceiro. Quando está bem excitado, oferece uma bela recompensa no quarto de dormir. Aqui temos uma perfeita combinação do amante sensual com o perfeccionista, e é claro que todas as necessidades do amado serão atendidas. E, melhor ainda, é um parceiro monogâmico e dos que não perdoam a infidelidade.

Ata-me

Virgem é o contido, precisa de tempo para se soltar na cama.

Busca a mulher perfeita e dá grande importância à aparência física. Tem dificuldade em expressar seus sentimentos e desejos. É sensível, tímido, cheio de pudor. Não se entrega facilmente, é necessário paciência e estar atento às suas necessidades. Depois que cria confiança, é um amante completo.

Nível de fidelidade: alto. É o verdadeiro homem de família e não vai arriscar sua segurança afetiva por uma pulada de cerca.

Sua fantasia

Só revelará suas fantasias depois de muito tempo, quando sentir que pode confiar no outro. Gosta do corpo humano, de se cuidar, e vai adorar as brincadeiras sexuais no chuveiro, no ofurô ou mesmo dentro de um lago em uma paisagem romântica. O contato com a natureza é muito excitante para o virginiano, regido pelo elemento terra. O homem desse signo se excita com as unhas dos pés pintadas e sapatos sexy e abertos, já que, como os piscianos, tem fetiche pelos pés. Transar com a amada calçada é superexcitante para ele. Como bom signo de terra, a mulher de Virgem vai amar massagens com óleo afrodisíaco, fazendo com que desfrute da transa ainda mais.

Seu ponto G

Excelente amante, comprometido e preocupado em dar ao outro o máximo de prazer, seu ponto G são as mãos, os pés, o abdômen e as terminações nervosas. Dar mordidinhas suaves na região do umbigo vai deixá-lo de quatro. Isso o levará a nocaute, pois é irresistível a qualquer virginiano. Passar os pés pelo seu abdômen, bem como chupar ou mordiscar seus dedos dos pés o excitará muito. Procure dar mordidinhas suaves na área ao redor do umbigo. Passe um cubo de gelo nessa região, ele se tornará irresistível e fogoso na sua cama!

Compatibilidade

Com os arianos a combinação é ideal no escritório, sendo um pouco frustrante na cama. Haverá desafios, já que Virgem é um dos mais contidos e tímidos do Zodíaco, e o ariano um dos mais liberais e sem paciência no sexo.

Solidez é o nome dessa parceria. Tem bom equilíbrio essa relação. Taurinos ensinam os virginianos a serem mais carinhosos e táteis.

Com Gêmeos a combinação é ideal no campo profissional, já que compartem do mesmo regente, Mercúrio, mas com pequenas chances na cama. Funcionará pouco, já que Virgem é um dos mais reservados e tradicionais no quesito sexo, e Gêmeos é dado a ser um dos mais engraçadinhos e cheios de ideias diferentes na hora da transa.

A terra de Virgem mesclada à água de Câncer produz mais que barro, produz "lindas peças de cerâmica". Suaves movimentos eróticos e relações sexuais noturnas são promessas seguras.

Para Leão, a mente não é necessária na hora de uma boa transa. Já o virginiano não pensa assim. Falta sintonia. É possível que o virginiano acabe usando o sexo como uma arma de poder. Pedirá sexo oral e, na continuação, antes de devolver a "gentileza", acabará caindo no sono. Melhor nem tentar!

A sexualidade fácil de Libra entusiasmará o virginiano. Tendo em mente as devidas diferenças, já que um é do elemento terra e o outro do ar, haverá diversão e um bom intercâmbio sexual entre eles, nos primeiros meses.

O sensual Escorpião liberará as frustrações sexuais acumuladas do virginiano, o que resultará em intensas e excitantes trepadas. O ativo Escorpião, signo mais sensual do Zodíaco, manterá o virginiano na cama e aos seus pés por muito tempo.

Com Sagitário é puro desgaste. Virgem quer sexo lento, apaixonado, tipo olho no olho; já Sagitário quer transar em trio, em quarteto, de forma divertida e até com uma pequena dose de selvageria. Certamente não se suportarão como amantes.

Capricórnio e Virgem: dois esforçados trabalhadores dispostos a dar provas de amor sem se cansar. Ambos são tímidos e reservados, mas entre quatro paredes o sexo é bem *caliente,* podendo sair fogo dos lençóis.

Com os aquarianos, têm algo em comum: são emocionalmente distantes e possuem dificuldade em expressar seus desejos e sentimentos. Mas as similaridades param aí! Melhor substituir o sexo por jogos mentais, já que ambos são intelectualmente bem desenvolvidos; xadrez, dama, gamão ou uma visita ao museu vai dar mais liga do que uma trepada.

Com os piscianos a química é imediata. O nativo de Peixes está disposto a fazer qualquer coisa para dar prazer e isso tem um enorme atrativo para o virginiano, cuja fantasia secreta é a de ser um castigador, daqueles que usam toda a parafernália erótica. E é claro que o pisciano terá o maior prazer em ser a "vítima"!

Estilo sexual

Caráter sexual	Impulso sexual	Motivação
Fiel****	Forte**	Desejo**
Volúvel*	Médio	Amor*
Propenso ao flerte*	Fraco	Romance
Ciumento***	Depende da iniciativa do parceiro***	Aventura
		Segurança***
		Compromisso***

PRESENTE IDEAL

Kit para piquenique, pasta de couro para o trabalho, caneta *Montblanc*, travesseiro com aroma de lavanda, inscrição em um curso de gastronomia com um renomado chef.

COR AMIGA E DE AFINIDADE: AZUL

Representa otimismo e segurança. Na antiga China, o azul simbolizava as bênçãos divinas. É a cor do céu. Hoje em dia, ele está relacionado com a consideração, a constância e a verdade. É calmante, introspectivo e responsável. O azul está relacionado com o elemento água.

O azul é tranquilo e voltado para o íntimo. Pode ser uma escolha muito boa, caso você tenha um aposento para meditar. Os azuis mais fortes, tais como o índigo, favorecem a espiritualidade e a intuição.

Diversas tonalidades de azul podem ser a escolha certa para o banheiro e o lavabo. Isso ocorre porque o azul está relacionado com o elemento água.

Pelo fato de os virginianos serem mais contidos e discretos, essa cor combina bem com sua personalidade. O azul passa serenidade, acolhimento e calma, e é associado também a intuição, verdade e confiabilidade.

VIRGINIANOS FAMOSOS

ELES

Goethe, Richard Gere, George Bernard Shaw, Alfred Hitchcock, Michael Jackson, Charlie Sheen, Guy Ritchie, B. B. King, Keanu Reeves, Elvis Costelo, Tim Burton, Bill Murray, Juscelino Kubitschek, Fernando Sabino, Di Cavalcanti, Paulo Coelho, Nelson Rodrigues, Ronaldo Fenômeno, Tony Ramos, Guga, Edu Lobo, Fernando Gabeira.

ELAS

Luana Piovani, Maria Rita, Alessandra Negrini, Carolina Dieckmann, Fernanda Abreu, Malu Mader, Andréa Beltrão, Glória Pires, Paula Toller, Beyoncé, Amy Winehouse, Sophia Loren, Cameron Diaz, Salma Hayek, Madre Teresa de Calcutá, Greta Garbo, Gloria Estefan, Carmen Maura.

PERSONALIDADE DO SIGNO

Ingrid Bergman
Sol em Virgem, Lua em Touro.

Foi uma das maiores estrelas de Hollywood e representava a pureza e a mulher perfeita. Era considerada muito exigente e detalhista no set de filmagem, bem ao estilo virginiano. Comoveu o mundo inteiro ao dar à luz um filho ilegítimo com o diretor de cinema italiano Roberto Rossellini (um sensual e belo taurino). Até então, era considerada a imagem da pureza, atribuída ao seu signo.

MODA VIRGEM

Estilo: elegante, tradicional e esportivo.

Descrição: pessoa muito discreta, que não gosta de chamar atenção, a não ser pela qualidade da roupa; é exigente, tem porte sofisticado, mas sabe se mostrar elegante de maneira sutil.

Prioridades na roupa: qualidade, ostenta luxo sem demonstrar arrogância, é uma roupa mais recatada. Associa luxo, discrição e conforto.

Roupas: com linhas mais retas, discretas e confortáveis. Adora um algodão egípcio ou pima.

Cores: tons neutros, muito branco, azul-marinho, *off-white*.

Jacqueline Cordeiro e Titta Aguiar

Cabelo

Comprimento médio, na cor castanho-claro ou escuro e repicado tem tudo a ver com a necessidade de discrição da virginiana. Gosta de cabelo solto e o rabo de cavalo ou coque soltinho também agradam.

LIBRA, O AMANTE ELEGANTE
23/9 A 22/10

Precisa de um companheiro, acredita em alma gêmea ou que existe alguém que é a tampa de sua panela. Ama agradar e se adapta facilmente às necessidades dos demais. Busca sempre que sua relação seja harmônica.

Mantra de Libra: *Par ou ímpar? Posso pensar?*

TRAÇOS GERAIS

Tudo que você gostaria de saber sobre os librianos e ninguém nunca falou

É o sétimo signo do Zodíaco. Considerado o mais elegante dos doze, nasceu com uma habilidade especial para harmonizar até o que é díspar. Do elemento ar, é o que representa o lado criativo e sociável do Zodíaco. Está sempre envolvendo os outros com algumas possibilidades de prazeres e satisfações.

Seu elemento ar lhe dá a fluidez e a permeabilidade essenciais para as parcerias, como casamento, amizade ou sociedades em geral.

Tem a capacidade intuitiva de juntar uma coisa a outra, sempre da melhor maneira possível. Possui o dom da harmonia, fala em tom baixo, pausadamente, e até em seu caminhar transmite sofisticação. O libriano é conhecido por sua beleza física, tem boa estrutura óssea, andar leve. Tem um ar culto que usa em tudo o que faz ou toca, seja organizando sua vida ou quando decide preparar uma festa. Sua classe e inteligência ficam evidentes nos detalhes.

É um signo dual, o que significa que tem duas facetas. Em geral se apresenta sempre bem e dá a impressão de que nunca tem problemas. Graças ao seu elemento ar venusiano, persuade sutilmente os demais a fazerem o que ele quer sem que se sintam coagidos. Odeia brigas, as quais evita usando seu natural encanto.

Governa a advocacia, cargos e funções de conciliação, as relações entre países e tudo o que se refere ao Judiciário.

Temperamento

Para o libriano, a importância está nos relacionamentos, na troca entre pessoas, em estar sempre em grupo, em conviver intelectual e socialmente com muitas pessoas.

É agradável, gentil, cheio de diplomacia. Não gosta de grosserias e brigas. Para ele, as boas maneiras são tudo. É capaz de se sacrificar pelo outro, como manter um casamento infeliz ou ir a eventos sociais maçantes.

É o signo mais elegante do Zodíaco e tem uma incrível habilidade de ver os dois lados da moeda.

Tem uma natureza refinada, inteligente, criativa, conciliatória e sociável. A influência de Vênus enche sua vida de romantismo. Possui um profundo sentido de justiça, o que faz com que pese cuidadosamente os lados opostos de uma situação antes de agir.

Planeta regente: Vênus

Vênus na mitologia grega é a deusa Afrodite, símbolo da beleza e da paixão sexual. Determina como a pessoa se relaciona com os demais, no amor, na busca de afeto e nas relações sociais.

Para ele o amor é a única coisa que interessa na vida!

Vênus representa sua sensibilidade, o sentido de belo e o afeto com que ele lida com as pessoas e situações. Com as pessoas, age sempre com delicadeza.

O planeta da beleza e do prazer confere aos librianos uma estética refinada. Possuem forte sentido de estilo e é comum encontrar coleção de artes na casa deles.

Melhores qualidades

Normas sociais, sociabilidade, sentido estético, respeito mútuo, companheirismo, padrões éticos, justiça, elegância, equilíbrio, conciliação, diplomacia, sinceridade, refinamento, ambição, reconhecimento, senso de justiça.

Defeitos duros de engolir

Bajulação, indecisão, litígios, fingimentos, guerras conjugais, imagem social desfocada, falta de assertividade, preguiça, covardia, complexo sadomasoquista, apego ao luxo, egoísmo, acomodação, excessiva dependência.

O que o libriano mais detesta?

Agressividade, desrespeito, mau gosto, injustiça, deselegância, egocentrismo, brigas em família, discussões polêmicas, decisões imperiosas, infantilidade, relacionamentos superficiais.

Homem de Libra

É cavalheiro e dócil. Busca a paz e a harmonia a qualquer preço. As aparências são tudo para ele. A ideia de ferir o sentimento de outra pessoa é odiosa para esse homem de fala mansa. Conseguir que ele exponha seus sentimentos é uma tarefa árdua. É menos romântico que a libriana; para ele, fazer sexo sem amor é uma aventura excitante, e não ficará se martirizando, achando que isso é errado. Na cama, está disposto a fazer coisas fora do comum, sempre que se sentir seguro de que tudo que acontecer ali irá para o túmulo, sem que ninguém nunca venha a saber.

Mulher de Libra

É agradável, elegante, cheia de harmonia e fica infeliz quando sente que o caos alcançou sua vida ou que tudo está desarrumado. Os confrontos fazem com que ela se sinta extremamente desconfortável e fará de tudo para manter a paz. É capaz de sacrificar suas necessidades pelo bem de uma relação, e isso, mais cedo ou mais tarde, trará problemas ao casal. É pouco assertiva e tem profunda dúvida sobre decidir entre duas coisas. Tem medo de ser injusta e acaba ficando paralisada. Quando consegue se autoafirmar, imediatamente é invadida por culpa, sente remorso e se desculpa, achando que ter seus próprios desejos ou ideias é errado. Vai adorar dar prazer ao seu parceiro, seja fazendo sexo oral, 69 ou qualquer que seja a posição que lhe pedirem.

EROTISMO, AMOR E SEXO

Como é no amor

Tem facilidade para se apaixonar e se lança à paixão de cabeça. É dado ao sentimentalismo e ao romantismo. Quando se enamora, quer que todos saibam. Faz de tudo para deixar seu parceiro feliz. Para ele, a ambientação é muito importante; o entorno deve ser belo, perfumado e harmônico.

Gosta de falar sobre seu amor, já que as palavras são tão importantes quanto o sexo. Quer saber o que o outro sente e também compartilhar seus sentimentos. Busca apreciação mútua e igualdade de compromissos e obrigações entre as partes. Seu objetivo maior é a cooperação, ter alguém para partilhar e para admirar. Detesta pessoas rudes, agressivas ou deselegantes a seu lado.

Necessita ouvir que é amado e quanto é querido, belo, refinado... Se isso não acontece, sente que não é amado, que não existe paixão. Tende a não dizer verdades menos agradáveis, pois não deseja ferir o amado, causando dano a si mesmo. Mas, apesar de não comentar nada desagradável sobre seu par, não se esquece e essa impressão permanecerá em sua mente.

Sonha em casar na igreja, como manda o figurino, e quer um anel de compromisso que simbolize seu amor – e, claro, o anel deverá ser de bom gosto, uma verdadeira joia com diamante.

Quando apaixonado, costuma ser mais amável, gosta de fazer a corte e tende a ser até um pouco antiquado no que se refere a namoro. Acredita em encontros de alma e ama criar situações como um jantar seguido de uma apresentação de balé ou qualquer outro evento cultural. Odeia maneiras indelicadas ou comportamentos rudes: essa é a fórmula certa para que ele esfrie totalmente.

É amante elegante e luta pela harmonia na relação, ficando infeliz se não consegue manter um bom relacionamento.

Como conquistar ou fisgar um libriano

Como o libriano é instável, ao mesmo tempo em que é muito fácil fisgar esse signo totalmente sensível e voltado para os relacionamentos, é fácil também perdê-lo diante de situações que o exponham. Para ser fisgado é necessário que sinta requinte e refinamento na outra pessoa. Nunca ultrapasse os limites estabelecidos pelas boas maneiras, além do mais, ser socialmente admirado é regra fundamental. Ele, homem ou mulher, precisa admirar seus companheiros e ser respeitado por eles. Odeia ser exposto publicamente com cenas de ciúme, voz alterada, baixarias ou cenas dramáticas. Se isso acontecer, não haverá sequer oportunidade de conversarem a respeito, pois o libriano simplesmente deletará a pessoa. Lembre-se: racionalidade, boa educação e refinamento acima de qualquer coisa.

Entre quatro paredes... Seu beijo e comportamento na cama

O beijo do libriano é sempre algo guiado pelo equilíbrio. A razão está acima da emoção e dificilmente seu beijo é devastadoramente apaixonado. Ele pode se entregar, mas sua entrega é ponderada e dosada. Seu beijo é carregado de amor com estilo, charme e delicadeza, próprios desse signo. E nunca será dado publicamente. Nada pode ser mais mortal para esse nativo do que demonstrações públicas de afeto. Para ele, exposição é a morte. Beijar é um ato muito importante para ele, não importa a duração do relacionamento.

Seu carisma sexual é enorme, e ele o usa sem nenhum problema para conquistar quem deseja. Suas necessidades carnais são grandes, ele sente verdadeiro delírio pelo prazer. Vai ao céu quando fica acariciando seu par durante horas, desde que sinta que o sentimento é retribuído.

Para ele, o sexo deve ser refinado e bonito. É romântico e quer ser cortejado com ternura. Muitas flores, jantares à luz de velas e agradáveis fins de semana são os elementos que alimentam sua libido.

As preliminares são tão importantes quanto o ato em si. E a comunicação tem um papel fundamental na hora da transa. Não suporta a vulgaridade ou a rudeza. Por ser um signo muito elegante, tudo relacionado ao sexo deve ser belo e harmonioso. Gosta de tudo devagarzinho, nada de ir logo "aos finalmentes".

O libriano fica excitado com sussurros picantes, porém não vulgares, ao pé do ouvido.

Libra é um signo de amor. Por ser regido por Vênus, é o maior representante da arte de amar. O sexo, para ele, é como uma música cheia de ritmos e vibrações. Sedutores, sensuais e conquistadores por natureza, pessoas de Libra podem tornar o momento a dois em algo inesquecível. Seu refinamento e necessidade de beleza são coisas que chamam a atenção até na hora H. De lençóis perfumados a pétalas de rosas, esse é um signo que fará você se sentir parte do Olimpo.

Ele espera que o sexo seja uma experiência rara; ao mesmo tempo, é mais tímido para expressar suas necessidades sexuais. Não é apressado e também não gosta de ser pressionado a ir direto para a cama, já que se delicia com as preliminares.

Ata-me

Libra, dotado para o amor, é doce, bondoso e sensual.
Regido por Vênus, o amor vem em primeiro lugar em sua vida. É sereno, conciliador e vaidoso. Equilíbrio e romantismo são tudo para ele. É um homem feito para o amor e as amizades. Atencioso, procura agradar e dar o máximo de prazer a sua parceira na hora de fazer amor. Criativo, abusa das palavras picantes.

Nível de fidelidade: mediano. Parceiro apaixonado e companheiro, tende a ser razoavelmente sossegado. Só se o sexo ficar sem graça ou a parceira não lhe der o prazer de antes, acaba pulando a cerca.

Sua fantasia

Gosta de ambientes à luz de velas, com perfume suave, incenso e óleos para uma massagem que estimule todos os seus sentidos. Ama os tecidos macios e sensuais. A delicadeza de sua pele não aceita nada áspero. Quer ser cortejado com atenção e detalhes românticos têm de fazer parte da transa. Vai adorar ter sexo em uma cama vibratória com a melhor vista da cidade.

Seu ponto G

Está associado à parte inferior das costas e à parte alta das nádegas. Considera erótico ser agarrado pela cintura ao mesmo tempo em que é acariciado pelas costas. Carícias, beliscões suaves e massagens na região do bumbum acendem seu fogo. Faça massagens fortes em todo o seu corpo usando *óleo* essencial de *ylang ylang*, combinadas com beijos, carícias e mordidas suaves. Quer deixá-lo enlouquecido? Tome banho com ele e comece a ensaboá-lo dos pés à cabeça.

Compatibilidade

Libra e Áries são opostos complementares. Funcionam bem – o libriano fica hipnotizado com o brutamontes de Áries, e este com a coqueteria de Libra.

Libra e Touro têm o mesmo regente, Vênus, deusa do amor e da beleza. Ambos são ligados em arte e são bons em relações públicas. Aqui a parceria será melhor quando o assunto for profissional.

Gêmeos é do mesmo elemento, ar, e isso já é um excelente começo. Gostam de falar e são abertos a novidades e criatividade na cama.

Libra e Câncer têm em comum o romantismo. Mas para por aí, portanto, pouquíssimas são as chances de entendimento. Libra achará seu parceiro instável demais, já o canceriano sentirá que o vaidoso libriano é um amante carente.

Libra e Leão com ajustes funcionam bem. O chique libriano terá de ser menos diplomático e mais aberto. Desta forma haverá química entre os dois.

A sexualidade fácil de Libra entusiasmará o virginiano. Tendo em mente as devidas diferenças, já que um é do elemento terra e o outro do ar, haverá diversão e um bom intercâmbio sexual entre eles nos primeiros meses.

Libra com Libra é pura diversão. Adoram fazer um 69, já que ambos podem dar prazer sem ter de assumir a responsabilidade da situação. Dois librianos amorosos se satisfazem profundamente.

A paixão do Escorpião é equiparada à intensidade de Libra na cama. Muitos lençóis serão trocados, já que, em uma só noite, horas de sexo são garantidas. Não seguirão por longa data, mas haverá uma boa dose de diversão enquanto durar.

Sagitário e Libra são animados, pensadores livres e gostam de fazer sexo de forma diferente e cheio de aventura. Os jogos aqui são fundamentais para a excitação sexual. Vão inventar dramatizações em que um será policial e o outro um contraventor. É claro que desse roteiro muito prazer se produzirá.

Capricórnio no início poderá atrair o libriano, mas logo o lado conservador desse signo de terra jogará água fria no filho de Vênus. Achará que o capricorniano é tradicional, careta e até mesmo chato na hora da transa.

Aquário, com seus voos de fantasia sexual, é a medida perfeita para o libriano. As fantasias, desde *stripteases* até encarnar o médico ou a enfermeira, farão com que desfrutem de uma boa excitação sexual. Nada aqui é convencional, isso fica para os signos mais terrenos. Com dois signos de ar, a mente criativa é tudo!

Peixes e Libra têm em comum o fato de serem afetuosos, sentimentais e românticos. Os problemas surgem quando o pisciano se dá conta de que quer um parceiro mais dominante, que tome as iniciativas. E o libriano não é essa pessoa, de modo que, apesar de desfrutarem de longos beijos e carícias sem fim, no terreno carnal a coisa deixará a desejar.

Estilo sexual

Caráter sexual	Impulso sexual	Motivação
Fiel**	Forte	Desejo*
Volúvel*	Médio	Amor****
Propenso ao flerte****	Fraco	Romance*****
Ciumento	Depende da iniciativa do parceiro****	Aventura
		Segurança***
		Compromisso

PRESENTE IDEAL

Jogo de malas *fashion*, espelho de pé todo ornamentado, um cartão de crédito sem limite, um lindo livro de poesia, um colar de ouro branco com esmeraldas, um perfume exótico, uma obra de arte.

COR AMIGA E DE AFINIDADE: ROSA

O rosa é a cor do romance, do amor puro e da sensualidade. Libra, com a regência de Vênus, é associada a essa cor em todas as suas nuances.

Está ligado à pureza de pensamento e tem como associação positiva a felicidade. É uma cor feminina, que remete à adolescência.

O rosa no vestuário eleva o nível de energia e a individualidade, trazendo a suntuosidade. A cor rosa é a mistura de branco com vermelho; possui as vibrações das duas cores. Favorece a brandura, o carinho e a ternura. Estimula as vibrações mais sublimes de amor e companheirismo. Estimula o romantismo, a gentileza e a vontade de agradar a pessoa amada.

LIBRIANOS FAMOSOS

ELES

George Gershwin, Oscar Wilde, Mahatma Gandhi, Nietzsche, Franz Liszt, F. Scott Fitzgerald, Michael Douglas, Will Smith, Snoop Dog, Jean-Claude Van Damme, Ralph Lauren, Sting, Daniel Filho, José Mayer, Vinicius de Moraes, Cid Moreira, André Marques, Dan Stulbach, Washington Olivetto, Tom Zé, Dias Gomes, Chacrinha, Miguel Falabella, Tim Maia.

ELAS

Catherine Deneuve, Kate Winslet, Susan Sarandon, Gwen Stefani, Brigitte Bardot, Catherine Zeta-Jones, Gwyneth Paltrow, Olivia Newton-John, Donna Karan, Anne Rice, Sarah Ferguson, Margaret Thatcher, Cláudia Abreu, Negra Li, Glória Menezes, Gal Costa, Thereza Collor, Fernanda Montenegro, Cléo Pires, Hortência.

PERSONALIDADE DO SIGNO

John Lennon
Sol em Libra, Lua em Aquário e ascendente em Áries.

Típico libriano. Em público era encantador e elegante, apesar de que por trás dessa imagem havia um roqueiro rebelde e contestador. Viveu uma fase de "paz e amor", mantra dos librianos. Com a aquariana Yoko Ono, sua parceira na música e no amor, viveu o conceito muito afim de seu signo, a vida a dois. Quando ela teve seu filho, Sean, John se dedicou durante cinco anos a cuidar dele, exercendo o papel de homem da casa, enquanto Yoko gerenciava seu incrível império empresarial.

MODA LIBRA

Estilo: moderno, criativo e romântico.

Descrição: pessoa que gosta de se diferenciar na maneira de se vestir, segura de si, adora *glamour*, é cosmopolita, contemporânea e também sonhadora.

Prioridades: diferenciação na maneira de se vestir, exclusividade no *look*, qualidade.

Roupas: corte moderno, assimétrico, cores fortes, linhas diferenciadas e muitas vezes chamativas, a roupa remete a uma imagem muitas vezes retrô. A mulher passa uma imagem feminina.

Cores: para as mulheres muito dourado, cores fortes como roxo e vermelho, além do preto. Os homens gostam de roupas coloridas, preto, branco.

Cabelo

Regida por Vênus, a libriana investe muito em seu cabelo, que geralmente está bem cuidado e com muito brilho. No quesito cor, prefere o castanho. Ama penteados e as madeixas mais longas com as pontas desfiadas.

ESCORPIÃO, O AMANTE INTENSO E MISTERIOSO
23/10 a 21/11

Escorpião é ligado a sexo, nascimento, morte e renascimento. Seu fascínio é por explorar o lado mais escondido da vida. Muito libidinoso, ignora os tabus e vê o sexo como uma oportunidade de explorar suas emoções.

Mantra de Escorpião: *A vingança é um prato que se come frio.*

TRAÇOS GERAIS

Tudo que você gostaria de saber sobre os escorpianos e ninguém nunca falou

É o oitavo signo do Zodíaco e, por ser do elemento água, representa o mundo das emoções e das profundas transformações. É o signo do mistério e também o mais profundo, denso e fechado do Zodíaco.

Apesar de ter a fama de signo violento e excessivamente enérgico, é também o mais leal e parceiro dos 12 signos. Seu comportamento é reservado, por vezes tímido, emotivo e extremamente apaixonado. Seu tom de voz e sua palavra são poderosos. Possui um porte de elegância e segurança que abre qualquer porta por onde passa.

É sedutor e, em certas situações, intimidador. Tende a ser muito possessivo e fechado. Saber o que pensa é mais difícil que entender as interpretações do *I Ching*.

É o mais determinado e expressivo dos signos, tem forte ligação com o prazer, com a paixão e a emoção. Seus conceitos se vinculam à intensidade com que vive, pensa, age e busca.

Governa o dinheiro, as atividades bancárias, a moral popular, as epidemias, o aumento ou a redução da população.

Temperamento

É atraído pelo mundo misterioso que existe por trás das aparências. Sempre associado à morte, às transformações, ao ciúme e à sexualidade exagerada, Escorpião é o mais polêmico dos signos. Tem a capacidade de ver o mundo e as outras pessoas com olhos de raios X. Percebe mentiras a metros de distância. Como imagina que todo mundo pode ver o que ele vê, tende a ser muito fechado e a criar uma verdadeira barreira em torno dos seus sentimentos, que são sempre muito intensos. Ele está sempre "morrendo" de amor, "morrendo" de saudade, "morrendo" de rir, "morrendo" de raiva. Mas quando a imensa energia desse signo misterioso encontra uma saída construtiva, é aí que avaliamos seu poder.

Escorpião representa a ave fênix. Essa ave, na mitologia, era capaz de se recriar e se reproduzir a partir de si mesma. E transformação é o que faz o tempo todo o nativo mais temido do Zodíaco. Ele faz a mudança profunda e entende que o verdadeiro caminho procede do interior para o exterior.

Ama exercer poder sobre os demais e possui uma aura de feiticeiro, parece que seduz as pessoas sem o menor esforço.

É exigente e determinado, passa por cima de tudo ao buscar suas metas.

Planeta regente: Plutão

Escorpião é regido por Plutão, deus romano que preside os processos de morte e de renascimento, dos princípios e dos fins. É a própria ave fênix, dizendo que, cada vez que algo morre, dá vida a outra coisa. É também Hades, senhor das profundezas e da morte. Simboliza a alquimia, a autotransformação, todas as mudanças profundas que experimentam o ser humano.

Plutão lhe outorga a capacidade de construir ou destruir com sua força interior. Traz a vida de nativo, uma grande capacidade de regeneração e afinidade natural com as coisas ocultas e misteriosas.

Esse poderoso planeta é responsável pelos aspectos mais obscuros de sua personalidade. Ele confere a seu "filho" intensidade, mistério e valentia. Sendo Plutão o senhor do submundo, esse signo não pode viver na superfície e deverá explorar as profundezas de sua vida. O planeta lhe outorga carisma sexual e uma veia sadomasoquista. Ele domina o poder e pode por vezes ser cruel.

Melhores qualidades

Lealdade, força física e mental, regeneração, responsabilidade, intuição aguçada, magnetismo, devoção, fortaleza, percepção, poder, profundidade, determinação, tenacidade, ambição, confiabilidade, perspicácia.

Defeitos duros de engolir

Vingança, ressentimento, dominação, inflexibilidade, introversão, possessividade, ciúme, sadomasoquismo, falta de tato, inabilidade, agressividade. Manipulador, obsessivo, pervertido, provocador, radical.

O que o escorpiano mais detesta?

Lavar roupa suja em público ou ter cenas dignas de dramalhão mexicano, com todo mundo vendo. Ter que usar banheiro público: sua privacidade é tudo! Gente que fala demais, folgada ou que peça coisas emprestadas: dinheiro, roupa, livros, CDs...

Homem de Escorpião

Pode ser descrito em três palavras: intenso, intenso e intenso. Seu regente, Plutão, o planeta que representa a transformação profunda, faz com que cada dia busque evoluir e se superar. É misterioso, enigmático e muito sexual. Costuma ser bastante charmoso e tem uma presença sedutoramente hipnótica, até mesmo enfeitiçante. Como a mulher desse signo, é altamente perceptivo, com detectores altamente sintonizados, percebendo praticamente tudo que se passa ao seu redor. Seu olhar é um microscópio, vê o que é quase invisível.

Mulher de Escorpião

Exala poder e pode às vezes ser um pouco assustadora, mas também muito fascinante. Seu olhar penetrante torna-a inesquecível para quem algum dia a enfrentou. É sexy e poderosa e não se envergonha disso. Não se importa com a opinião alheia e ignora críticas e normas predefinidas. Faz o que bem entende de sua vida, e até gosta de chocar um pouco. É tão vingativa quanto seu contraponto masculino, mas estar ao seu lado é igualmente emocionante. É mulher fatal que diz mais com um olhar que outros signos com frases.

EROTISMO, AMOR E SEXO

Como é no amor

Conquistador, ciumento e intenso, raramente desiste de alguém quando está interessado. Busca relacionamentos sérios, bem definidos e estruturados. Deseja misturar sua bagagem emocional e material com a do parceiro e espera que ele seja adaptável às mais bruscas e extremas transformações que possam ocorrer na vida em comum, como, por exemplo, suas crises de ciúme.

Seu ciúme é lendário e, por ser extremamente intuitivo, tende até a ler pensamentos de infidelidade do parceiro. Necessita de um parceiro fisicamente atraente, trabalhador, simpático, estável e passível de ser dominado.

Demora a se revelar, sendo que pouco a pouco permite que o amado vá entrando no interior de sua mente e de seu coração. Suas relações íntimas costumam ser magnéticas e dramáticas.

Ama a paixão e é altamente reservado, tendo dificuldade de revelar seus sentimentos. Gosta de se sentir no controle e, se descobrir uma traição, é vingativo e dificilmente perdoa.

Tem uma visão peculiar do amor e por vezes ama o inalcançável. Acredita que o amor é um caminho para alcançar o êxtase, já que falamos de um signo que, além de necessitar sentir-se querido e apoiado, precisa estar comprometido. Quando enamorado, é capaz de grandes sacrifícios. É dado a grande paixão e a uma intensidade emocional fora do comum e não poupará esforços para viver o melhor com quem ama, por mais difícil que a relação seja, já que vive por esse sentimento.

Como conquistar ou fisgar um escorpiano

Nas relações ele é apaixonado e sensual, tendo no sexo o ponto principal da construção da estrutura de um relacionamento. Para fisgá-lo, é preciso vibrar na mesma sintonia e energia que ele. Só valem atuações verdadeiras, gemidos reais. Sensualidade não se força, muito menos amor intenso. O que conta aqui, para fisgar esse signo, é a autenticidade e a verdade.

Entre quatro paredes... Seu beijo e comportamento na cama

Gosta de exercer poder e controle na cama. As práticas sexuais orientais, *tantra yoga*, ou outras disciplinas espirituais do sexo como forma de canalizar sua energia são adequadas à sua personalidade. Libera sua energia sexual com facilidade e é capaz de dar longas horas de prazer ao amado. Curioso por sexo, pesquisará e experimentará diversas práticas sexuais.

É um dínamo na cama, e quer ser chupado até o dia amanhecer. Para ele o sexo é uma rua de mão dupla. Estará a seu serviço, dando-lhe todo o prazer possível, mas esperará receber essa gentileza toda de volta e com juros.

Seu beijo é quente, sensual e carregado de desejo. Sua maneira de beijar pode superar a de qualquer signo. Todos os jogos amorosos estarão presentes num simples beijo, que terá picantes consequências.

Como é erótico e ligado a toda forma de sensação física e emocional, seu beijo é molhado e intenso. O sexo é o setor da vida com o qual ele lida com maior naturalidade e desprendimento. Por ser atraente e sexy, o sexo é parte essencial de sua vida. Vê o orgasmo como um portal.

Ajuda a satisfazer as necessidades sexuais mais profundas do parceiro e prefere o sexo compromissado. Na cama, é daqueles que enfeitiçam o outro de corpo e alma, e dificilmente alguém o esquece; pelo menos no quesito *performance*, ele é imbatível!

Para o escorpiano, o orgasmo não é apenas uma descarga sexual, é uma experiência mística e transcendental. No relacionamento verdadeiro ele é o mais leal, monogâmico e fiel dos parceiros.

Seu local de poder é a cama, é onde se sente mais no controle. Sempre será o maior amante do Zodíaco.

James Bond e Batman poderiam ser considerados escorpianos, pois, além de serem vidrados por roupas pretas e *sexy*, têm mais uma coisa em comum: o amor ao mistério e o desejo pelo perigo, algo extremamente plutoniano.

Ata-me

Escorpião é pura paixão, é o mais ardente e sexual de todo o Zodíaco. Debaixo de uma imagem de frieza e introspecção, se esconde uma personalidade vulcânica. Emite um intenso magnetismo psíquico e sexual. O fogo do sexo pode chegar a se consumir com as paixões. Na cama, é poderoso, intenso, muito criativo e insaciável.

Nível de fidelidade: bem alto. Leal, fiel e muito sexual, precisa da fidelidade para que a relação se mantenha estável.

Sua fantasia

Por ser um signo muito sensual, todo tipo de massagem é bem-vinda, melhor ainda se for com óleos que aqueçam e excitem o corpo. Em geral a massagem não chegará até o fim, já que ela o excita enormemente, tendo que finalizá-la antes do tempo, indo logo para o sexo em si.

Existe certa conexão entre prazer e dor que ele gosta de explorar. Essa mistura cria uma excitação poderosa. E sua fértil imaginação saberá brincar com esse misto de dor e prazer de diversas maneiras. Poderá usar chicotes, vendas, algemas e outros aparatos, desde que seu parceiro permita e participe.

O que mais o excita? Um amor secreto, mentes afiadas, corpos ávidos, esmalte de unha vermelho-sangue, roupa de couro preta brilhante, venda nos olhos e muita dramatização nas fantasias sexuais.

Seu ponto G

Para o escorpiano, sexo é vida e não há nada de que goste mais. Apaixonado e intenso, sua zona erógena se encontra nos órgãos sexuais e na parte interna da coxa. O segredo está em fazê-lo esperar: ficar muito tempo nas preliminares, fazer tudo bem de mansinho e explorando todo o seu corpo. Óleos que aquecem o corpo são ideais! Outro ponto importante fica atrás do testículo, no períneo. Toques nessa região garantem que o orgasmo seja mais extenso do que o tradicional.

Compatibilidade

Escorpião terá um grande fascínio sexual por Áries, já que Plutão é o corregente de Áries e regente de Escorpião. Aqui teremos uma explosão cósmica com alta voltagem sexual, mas por curto tempo, pois os elementos água e fogo depois de certo tempo se estranham.

Parceiro perfeito, Escorpião terá um grande fascínio sexual por Touro, já que são opostos complementares. Sensações intensas acontecerão, com forte magnetismo sexual. Haverá uma explosão cósmica com alta voltagem entre esses dois.

A visão ardente do signo de Escorpião fará com que haja um encontro erótico com o "vale tudo" geminiano. A portas fechadas, tudo pode acontecer, mas tudo mesmo!

Escorpião trará um grande fascínio sexual a Câncer, já que ambos são regidos pelo elemento água. Estará disposto a dar o que o canceriano necessita entre os lençóis, desde o começo da noite até a madrugada; intensidade, paixão e súplicas de "quero mais"!

Leão e Escorpião terão um grande fascínio sexual um pelo outro. No entanto, a natureza extrovertida do leonino terá que ser controlada para não matar de ciúme o escorpiano.

O sensual Escorpião liberará as frustrações sexuais acumuladas do virginiano, o que resultará em intensas e excitantes trepadas. O ativo Escorpião, signo mais sensual do Zodíaco, manterá o virginiano na cama e aos seus pés por muito tempo.

A paixão do Escorpião é equiparada à intensidade de Libra na cama. Muitos lençóis serão trocados, já que, em uma só noite, horas de sexo são garantidas. Não seguirão por muito tempo, mas haverá uma boa dose de diversão enquanto durar.

Com seu próprio signo, poderia produzir algo parecido com o roteiro do filme *Atração fatal*. Haverá muitos jogos sexuais, prazer, mas aqui a máxima acabará sendo: dois bicudos não se bicam!

No princípio, Sagitário hipnotizará o escorpiano com sua mente brilhante e seu incrível senso de humor. E a atitude apaixonada e intensa de Escorpião deixará curioso o etéreo arqueiro do Zodíaco. Mas quando o fator novidade terminar, a "festa" ficará pouco divertida e é provável que ambos busquem novos parceiros de "balada".

Capricórnio tem algo em comum com ele: são muito sérios com relação a tudo, desde a sexualidade até sua carreira profissional. Esses dois se potencializam muito na cama. Com o supersexual escorpiano, longas sessões amorosas e cálidas acontecerão.

Com Aquário será uma combinação bem complicada, para não dizer sinistra. Os aquarianos vivem a vida teoricamente e querem falar sobre tudo que lhes passa na cabeça, desde sexo até sua profissão. Já o escorpiano prefere mais ação e menos palavras. Não rola química aqui!

Com Peixes haverá um incrível equilíbrio, em que o escorpiano exercerá o papel protetor e ativo, e é exatamente isso que o pisciano busca. As incríveis fantasias sexuais do Escorpião excitam Peixes, que fará com que se convertam em realidade, fazendo o signo mais temido do Zodíaco se arrepiar de prazer!

Estilo sexual

Caráter sexual	Impulso sexual	Motivação
Fiel****	Forte*****	Desejo*****
Volúvel	Médio	Amor**
Propenso ao flerte*	Fraco	Romance
Ciumento*****	Depende da iniciativa do parceiro	Aventura
		Segurança
		Compromisso***

PRESENTE IDEAL

Filmes e livros com conotação pornográfica, câmera filmadora digital, joias exóticas com topázio ou turquesa, buquê de rosas vermelhas, viagem a Marrocos ou Istambul, roupas de couro pretas, *underwear sexy*, pinturas e brinquedos eróticos, cesta de café da manhã com produtos afrodisíacos.

COR AMIGA E DE AFINIDADE: PRETO

Cor sóbria, indica transformações e passa a mensagem de distanciamento. Quando brilhante, sugere nobreza, distinção e elegância. É a melhor amiga dos cheinhos, já que cria também a ilusão de estarem mais magros. Transmite introspecção, favorece a autoanálise. Uma cor com valor de sofisticação e luxo.

O uso em excesso estimula a melancolia, depressão, tristeza, confusão, perdas e medo. Por isso, na verdade, jamais deveria ser usado por pessoas que acabaram de perder um ente querido como sinal de luto.

É a cor do poder, da sobriedade, da hombridade.

O preto também pode sugerir silêncio. Cor preponderantemente masculina. É a "não" cor, ausência de vibração, cor das pessoas que buscam proteção ou querem distanciamento.

ESCORPIANOS FAMOSOS

ELES

Príncipe Charles, Leonardo DiCaprio, Martin Scorsese, Bill Gates, Larry Flynt, Larry King, Pablo Picasso, Maradona, Rock Hudson, Alain Delon, Fabio Jr., Fiuk, Reynaldo Gianecchini, Ziraldo, Pelé, Lázaro Ramos, Mauricio de Sousa, Diogo Vilela, Ari Barroso, Paulinho da Viola, Graciliano Ramos, Dunga, Luis Fernando Verissimo, Darcy Ribeiro.

ELAS

Katy Perry, Anna Wintour, Julia Roberts, Whoopi Goldberg, Hillary Clinton, Winona Ryder, Jodie Foster, Grace Kelly, Izabel Goulart, Zélia Duncan, Sula Miranda, Marieta Severo, Carla Perez, Luciana Gimenez, Fernanda Venturini, Daniella Ciccareli, Myrian Rios, Dina Sfat, Wilza Carla.

PERSONALIDADE DO SIGNO

Demi Moore
Sol em Escorpião, Lua em Touro.

É uma escorpiana que possui a intensidade que caracteriza as mulheres desse signo.

Mistura de sedutora e audaz guerreira, nos seus filmes e na vida pessoal coloca corpo e alma.

Tem sempre uma cota de rebeldia e uma paixão sem limites. Demonstra sensualidade, e não teve medo de posar nua quando grávida e de fazer filmes em que seu corpo nu era a maior atração.

MODA ESCORPIÃO

Estilo: sexy e moderno.

Descrição: pessoa moderna, cosmopolita, exibicionista, sedutora, gosta de chamar atenção.

Prioridades na roupa: que se destaque entre as outras pessoas, tanto no quesito insinuante quanto no estilo diferenciado.

Roupas: no caso das mulheres, roupas e tecidos que marcam o corpo, decotes, tecidos transparentes, estampa de pele de animal, salto altíssimo, acessórios exagerados, modelagem estruturada; já os homens apreciam *looks* monocromáticos escuros, roupas mais justas, sempre algum detalhe diferenciado, e acessórios como colar, pulseiras e anéis.

Cores: mulheres adoram brilho, cores contrastantes, *color blocking*; os homens, *look* preto total.

Cabelo

Escorpião é sinônimo de mistério, sedução e poder. E, se por um lado essas características fazem dessa nativa uma mulher intimidadora (para não dizer assustadora), elas também a tornam fascinante. Ama fios longos, volumosos e com franja repicada. Combina com todas as cores, mas os tons de ruivo ou preto são seus favoritos. Como gosta de *looks* glamorosos, *babyliss* grosso nas pontas é pra arrasar.

SAGITÁRIO, O AMANTE AVENTUREIRO
22/11 A 21/12

Flerta com a natureza e a liberdade. Odeia estar preso a algo por muito tempo. Impetuoso, deleita-se com espontâneas e ardentes aventuras sexuais, sempre cheias de tesão e orgasmos.

Mantra de Sagitário: *Se beber, não case!*

TRAÇOS GERAIS

Tudo que você gostaria de saber sobre os sagitarianos e ninguém nunca falou

Podemos dizer que está casado com a liberdade, e, dependendo da maneira como a usa, pode passar à libertinagem. Em geral tem um caráter mutável; é capaz de mudar sua cara e a forma de se vestir de uma hora para outra. Sociável e extrovertido, dá vida a qualquer festa ou reunião.

Pode ser meio desajeitado, às vezes tropeça nos outros e se desculpa soltando uma risada incrível. É aquele que entretém o grupo com uma história divertida ou piada hilária.

Deseja a liberdade a qualquer custo e é muito independente, sempre em busca de novos desafios e aventuras, e, quando é bloqueado por qualquer restrição, se ressente. Busca sempre a verdade e a sabedoria mais elevada. Tem mente aberta e é sábio por natureza. Seu conhecimento é obtido por meio de diferentes experiências que vive, em livros, viagens, trocas, intercâmbios.

Veio ao mundo para compreender o propósito de sua vida e o significado de sua existência. Tem fobia a comprometimento e certa incapacidade de lidar com excesso de detalhes.

Governa os tribunais, igrejas, o mundo editorial, viagens e agências de turismo. É profético, sincero e honrado.

Temperamento

Conhecido como signo do arqueiro, é alegre, agitado, acredita nos próprios sonhos e tem uma coragem incrível para enfrentar os desafios do desconhecido. Franco e honesto, otimista e bem-humorado, transmite um raro senso de confiança e integridade.

Tem um forte compromisso com a felicidade e alegria de viver. Ama os espaços abertos, os esportes, o sucesso. Seu problema é sempre um só: o exagero. Espera muito da vida e, às vezes, se aborrece quando o movimento da vida está meio parado. Tem dificuldade em lidar com as frustrações.

Com profundo senso místico e esotérico, não é raro que se envolva com crenças e seitas religiosas. Cheio de jovialidade, é avançado em conceitos e mostra profundo sentido social, doando muito do seu tempo a obras caritativas. Usa sua franqueza de forma desajeitada e imprudente.

Tem uma visão ampla da vida. Versátil e multitalentoso, às vezes é irresponsável quando se trata de finalizar tarefas ou manter em dia suas obrigações.

Sua generosidade é lendária. O motivo é que se sente rico, afortunado, pensa que pode ter qualquer coisa que quiser, e isso tudo faz com que seja o mais generoso do Zodíaco. Seu idealismo religioso e filosófico, nascido de sua mente superior, que também é generosa por natureza, é outro dos motivos.

Planeta regente: Júpiter

Júpiter é o deus da abundância, do dinheiro, da fortuna. É o planeta das doze luas, representando o sentido de desenvolvimento e de oportunidades. Determina a sorte que o sagitariano possui na vida e a capacidade de ser otimista e positivo em qualquer situação, o que faz com que tenha sempre esperanças em um mundo melhor e fé no futuro. Esse planeta tende a trazer boas oportunidades de crescimento e boa fortuna aos seus nativos.

Júpiter lhe confere uma natureza expansiva e aventureira, além de otimismo.

Melhores qualidades

Vitalidade, generosidade, franqueza, intuição, coragem, otimismo, extroversão, honra, sabedoria, bom humor, disposição, positivismo, competitividade, autoconfiança, honestidade, lealdade, religiosidade, idealismo.

Defeitos duros de engolir

Excessos, falta de tato, rudeza nas palavras, arrogância, insubordinação, egocentrismo, falta de limites, excessivo senso de liberdade.

O que o sagitariano mais detesta?

Falta de humor, pessimismo, gente lenta, sedentarismo, falta de solidariedade, avareza, silêncio.

Homem de Sagitário

É bom contador de histórias e entretém facilmente as pessoas com os relatos de suas muitas aventuras. Gosta de ser livre, andar pelo mundo procurando novas experiências. É um dos signos do Zodíaco que mais tendem a "pular a cerca". Apaixonado pelo lado indômito da vida, tanto quanto por fazer dinheiro. Precisa de parceiros que também sejam independentes e autossuficientes. Precisa de espaço e liberdade pra respirar, e nada pode ser tão balde de água gelada do que ter alguém pegando em seu pé. Tende a não seguir as regras sociais.

Mulher de Sagitário

A sagitariana é mais sutil que seu par masculino. É divertida e desapegada de tudo. Tem um nível alto de adrenalina que precisa consumir com atividade física de impacto. É uma mulher pragmática; se tem um problema, busca logo uma solução. Tende a ocultar suas emoções. Busca um companheiro em que possa confiar e admirar. É de rir alto e tende a ser extremamente competitiva em tudo. Seu caráter jovial faz com que todos se sintam bem ao seu lado e tende a buscar pessoas que, como ela, gostem de rir muito.

EROTISMO, AMOR E SEXO

Como é no amor

No amor, é muito independente. Sua natureza exploratória pode levá-lo a ser infiel. Em geral, não sentirá nenhum remorso quanto a isso, já que costuma separar bem o amor de suas aventuras passageiras. Está sempre buscando a melhor opção, nunca descartando nenhuma alternativa. Por isso, reluta em assumir um compromisso sério e adia ao máximo o momento de subir ao altar. Digo, trocar alianças, já que não cogita de forma alguma uma cerimônia com pompa, igreja e todos os símbolos de romantismo, que não é sua "praia".

Busca partilhar seu idealismo e seu senso de justiça com o outro. A relação tem de incluir espírito de aventura, gostar de viajar, estudar, aprender. O parceiro tem de saber compreender sua necessidade de liberdade, de fugir da rotina e sua aguda franqueza.

Não é um signo que possa ser domado. Precisa de liberdade, de amigos, gosta de viajar sozinho. Busca relacionamentos flexíveis, informais e divertidos. Tende a ser inconstante no amor e a mudar com bastante frequência a opinião a respeito de seu parceiro.

Sente-se ameaçado por relações bem estruturadas, que cerceiem sua liberdade, e tende a se casar mais de uma vez. Quando se apaixona, é generoso, franco, bondoso e muito ativo. Demonstra abertamente seu afeto, mas é egocêntrico em sua maneira de se relacionar com o amado.

É necessário que desenvolva certa objetividade para que possa manter uma comunicação melhor com seu par e no amor em geral. Uma atitude tranquila e racional o ajudaria a perceber a realidade com maior clareza e a evitar desilusões.

Como conquistar ou fisgar um sagitariano

Se pensarmos que esse é o signo do arqueiro, então, em vez de fisgá-lo, que tal enlaçá-lo? Mas não será fácil, pois ele possui um grau elevado de liberdade e independência, não se deixando dominar com facilidade. Se você quiser perder rapidamente o respeito e o afeto do sagitariano, tente controlá-lo ou desconfie dos seus passos. Ele vive e luta pela verdade. Desconfiar dele não é um bom caminho. Se quiser atá-lo, confie e dê-lhe toda a liberdade que puder, e, quando não conseguir, uma boa conversa pode solucionar a questão. Ele adora uma boa conversa.

Entre quatro paredes... Seu beijo e comportamento na cama

Sua necessidade sempre vem acompanhada de muito desejo e alguns pequenos jogos de sedução. As brincadeiras serão mais excitantes do que as de outros signos, pois elas vêm carregadas de inteligência. É incansável e pode ficar beijando durante um logo tempo antes de dar um passo adiante. Para quem gosta de novidades e aventura, esse signo é sua cara-metade!

Se for para dar prazer ao outro, ele poderá dar 24 horas de sexo oral com muita satisfação. Mas, para mantê-lo com desejo, o sexo deve ser enérgico, inovador e cheio de estímulo intelectual. A parte mental é tão importante quanto a física. Seu apetite sexual é grande, e, caso seu parceiro não consiga ter o mesmo ritmo, é aconselhável que tome ginseng e vitamina E. De caráter dual, precisa de alguém que seja adaptável a suas inúmeras facetas. Apesar de fazer comentários com boas intenções, seu pecado é sua total falta de tato, o que pode esfriar signos mais sensíveis.

Prefere as relações sexuais descomplicadas e com muita emoção. A rotina pode jogar água fria na sua fogueira. Seu parceiro ideal deve ser espontâneo, divertido, falador, disposto a viajar, escalar montanhas e superar alegremente qualquer obstáculo que houver. Animado e cheio de imaginação, gosta de colocar em prática suas incríveis fantasias sexuais.

Suas aventuras sexuais tendem a durar pouco, porém, quando se casa ou assume um compromisso, se esforça para que funcione. Dá o melhor de si e, se não der certo, não guardará rancor. Segundo sua filosofia, a melhor separação é a que permite que sejam bons amigos, com felizes recordações.

Ata-me

Sagitário tem um lado aventureiro para o sexo e o amor.

Signo cheio de otimismo, ideais, sonhos e esperanças. Tem uma boa estrela, é feliz e confiante. Livre, independente, ama viver muitas experiências afetivas e sexuais e gosta de conhecer mulheres de outras culturas – prefere as bem-humoradas e inteligentes. Entre quatro paredes, é divertido e adora fazer sexo em lugares diferentes e experimentar todas as posturas do *Kama Sutra*.

Nível de fidelidade: baixo. Inquieto e pouco amigo de rotina, é propenso a buscar aventuras fora do relacionamento se este ficar monótono.

Sua fantasia

Por ser de um signo vinculado a cavalos, uma de suas fantasias mais frequentes envolve transar num estábulo ou em cima do animal. Ou, como é apaixonado por viagens, fazer sexo no banheiro de um avião também é muito excitante para ele. Apreciador da natureza, prefere lugares ao ar livre, como montanhas, colinas, bosques, riachos, uma cabana no meio da mata, a um motel.

Seu ponto G

Amante fogoso, apaixonado e pouco convencional, chega ao clímax quando é estimulado nos músculos das pernas e do glúteo. Signo regido por Júpiter, a parte interna das coxas, perto dos órgãos genitais, também é o centro de erotismo. Use sua mão e a boca para acariciar essas partes suavemente, fazendo cócegas excitantes. Algo que também o deixa em ponto de bala é ter todo o corpo untado com óleo perfumado.

Compatibilidade

Com os arianos, parceria divertida e cheia de camaradagem. Serão inseparáveis enquanto houver espírito de aventura.

Com taurinos, poucas chances. Eles amam o estável e previsível, e o sagitariano é o rei do imprevisto, adora tudo o que é de última hora.

Sagitário e Gêmeos são opostos complementares. Funcionam, já que ambos são bem inquietos e dados a elucubrações verbais.

Para algo curto e sem profundidade, a parceria com Sagitário será divertida. O sagitariano sentirá prazer na doçura do canceriano na cama, e o nativo de Câncer ficará ultraexcitado com as atitudes vale--tudo do parceiro. Mas só no começo; depois, as possibilidades de se darem bem ficarão cada vez mais escassas.

Parceria divertida e cheia de camaradagem e risos com Leão. Serão inseparáveis enquanto houver espírito de aventura e encontros selvagens.

Com Virgem é puro desgaste. Virgem quer sexo lento, apaixonado, olho no olho; já Sagitário quer transar em trio, em quarteto, de forma divertida e até com uma pequena dose de selvageria. Certamente não se suportarão como amantes.

Sagitário e Libra são animados e pensadores livres, e gostam de fazer sexo de forma diferente e cheia de aventura. Os jogos aqui são fundamentais para a excitação sexual. Vão inventar dramatizações em que um é policial e o outro um contraventor. É claro que desse roteiro muito prazer se produzirá.

No princípio, Sagitário hipnotizará o escorpiano com sua mente brilhante e seu incrível senso de humor. E a atitude apaixonada e intensa de Escorpião deixará curioso o arqueiro do Zodíaco. Mas, quando o fator novidade terminar, a "festa" ficará pouco divertida e é provável que ambos busquem novos parceiros de "balada".

Com seu semelhante, tudo é possível. Brincadeiras que começam com jogo de dados erótico, óleos pra aquecer o corpo, lubrificante comestível... Ambos são magníficos jogadores e estão dispostos a qualquer coisa. O céu é o limite.

Sua interação com Capricórnio é dureza. O filho mais otimista do Zodíaco vai achar seu parceiro sério e pessimista demais. O sexo não será bom e o tédio tomará conta imediatamente dessa relação.

Aquário e Sagitário: ambos são futuristas e entendem que o sexo não é apenas pra fazer neném. O pensamento livre do aquariano é o complemento perfeito do idealismo do sagitariano. Aqui os orgasmos serão múltiplos e com eco.

Peixes terá uma boa atração pelo arqueiro do Zodíaco. Como o sagitariano vê o sexo como um "circo" cheio de diversão e malabarismos, o pisciano irá se divertir nessa incrível festa de prazer. Apenas sentirá certa falta de romantismo de seu parceiro cheio de fogo.

Estilo sexual

Caráter sexual	Impulso sexual	Motivação
Fiel	Forte	Desejo***
Volúvel****	Médio****	Amor**
Propenso ao flerte	Fraco	Romance
Ciumento	Depende da iniciativa do parceiro*	Aventura*****
		Segurança
		Compromisso

PRESENTE IDEAL

Livro *Kama Sutra*, fim de semana em um hotel-fazenda, ingresso para um show de rock, passeio à hípica, matrícula em um clube de desportos, moletom, globo terrestre de mesa, livros de fotografia.

COR AMIGA E DE AFINIDADE: PÚRPURA

Transmite a sensação de prosperidade, nobreza e respeito. Equivale a um pensamento reflexivo e místico.

Púrpura significa espiritualidade e intuição, portanto, é uma cor que simboliza o mundo metafísico. É a cor da alquimia e da magia. Ela é vista como a cor da energia cósmica e da inspiração espiritual. É excelente para purificação e cura dos níveis físico, emocional e mental. Ajuda a encontrar novos caminhos para a espiritualidade e a elevar a intuição espiritual.

Simboliza dignidade, devoção, piedade, sinceridade, espiritualidade, purificação e transformação.

A cor **púrpura** representa o mistério, expressa sensação de individualidade e de personalidade, é associada à intuição e ao contato com o todo espiritual. É aconselhável para locais de meditação.

SAGITARIANOS FAMOSOS

ELES
Brad Pitt, Woody Allen, Frank Sinatra, Ozzy Osbourne, Boni, Steven Spielberg, Don Johnson, John F. Kennedy Jr., Jeff Bridges, Jimi Hendrix, Bruce Lee, Silvio Santos, Francisco Cuoco, Carlinhos Brown, Marco Ricca, Bruno Garcia, Stepan Nercessian, João Dória Júnior, Olavo Bilac, Roberto Marinho, Egberto Gismonti, Oscar Niemeyer, Roberto Drummond.

ELAS
Britney Spears, Katie Holmes, Jane Fonda, Bette Midler, Scarlett Johansson, Kim Basinger, Sinéad O'Connor, Christina Aguilera, Tina Turner, Miley Cyrus, Eliana, Ana Paula Padrão, Taís Araújo, Deborah

Secco, Vera Fischer, Danielle Winits, Cássia Eller, Luciana Vendramini, Anita Malfatti, Angélica, Eva Wilma.

PERSONALIDADE DO SIGNO

Tyra Banks
Sol em Sagitário, Lua em Câncer.

Uma sagitariana extrovertida, positiva, que emite boa energia devido a seu regente, Júpiter.
Sua melhor arma de sedução é o sorriso. Uma mulher fogosa, que não faz rodeios e enfrenta seus problemas.

MODA SAGITÁRIO

Estilo: criativo e esportivo.
Descrição: pessoa aventureira, de personalidade forte, não se importa com a opinião alheia, alegre, comunicativa.
Prioridades na roupa: conforto e praticidade ao mesmo tempo, exótica, étnica.
Roupas: look retrô, étnico, tecidos confortáveis. Ser diferente na maneira de se vestir sem perder o conforto, essa é a regra.
Cores: cores terrosas ou chamativas, como fúcsia, roxo, muita estampa, às vezes divertidas.

Cabelo

Curtinho, em camadas e puxando para o caramelo, porque Sagitário não gosta de perder tempo com detalhes. Se o formato do rosto não for arredondado, um corte desfiado com franja é inspiração para a sagitariana. O ruivo alaranjado, que remete ao fogo, elemento que guia esse signo, também agrada, além de ser bem-humorado.

CAPRICÓRNIO, O AMANTE À MODA ANTIGA
22/12 A 20/1

Devagar com o andor, que o santo é de barro! Esse é o capricorniano, desconfiado e cauteloso. Leva o amor e o sexo a sério. É sensual, mas precisa de tempo – e disso entende bem – para se soltar.

Mantra de Capricórnio: Primeiro vem o dever, depois o trabalho e depois o prazer.

TRAÇOS GERAIS

Tudo que você gostaria de saber sobre os capricornianos e ninguém nunca falou

Décimo signo, conhecido como Cabra, lembra os conceitos de autoridade e hierarquia. Seu elemento terra mostra seu vínculo com o realismo, a firmeza do chão que pisa e a estabilidade na vida.

Independente e egoísta, é prático, expressa o ideal do trabalhador perfeito e do exigente condutor de pessoas. Tem vocação natural para a liderança.

Capricórnio é um signo frio e pouco sentimental. Sabe controlar sua excessiva emotividade e sua tendência às mudanças de humor. Ele nunca deixa que os sentimentos criem obstáculos ao seu caminho. É disciplinado e busca a qualquer custo a segurança material e a independência. Seu humor negro o ajuda a liberar-se de sua autocompaixão e a lhe dar muita confiança.

O que interessa a ele são as coisas que duram, que superam o tempo e as circunstâncias adversas. Aplica seu temperamento austero nos negócios, no amor e em sua maneira de pensar e, inclusive, em sua filosofia de vida e religião.

Governa o operário, o funcionalismo, a força de trabalho e a determinação da conquista.

Temperamento

A palavra-chave para entender seu temperamento é hierarquia. Em qualquer época ou em qualquer situação, ele sempre percebe com clareza quem é o melhor, quem é o mais forte, quem é o mais esperto. E o mais importante de tudo: quem manda em quem.

Nasce com a sensação de que nada vem de graça e de que tudo que tem valor terá de ser conquistado com muito esforço. Todo capricorniano tem um compromisso com a excelência. Isso não significa que todos estão destinados à vitória e ao sucesso, apenas que precisam disso para serem realmente felizes.

Regido por Saturno, o deus do tempo, o capricorniano tem muita necessidade de ser respeitado e levado a sério. Como dificilmente as pessoas levam as opiniões de uma criança a sério, ele se sente muito desconfortável na infância. Para ele o tempo sempre conta a favor. É muito mais adequado para o mundo cheio de exigências e responsabilidades dos adultos. Sistemático e por vezes de espírito velho, tem dificuldade de rir de suas falhas, levando tudo excessivamente a sério.

É ambicioso, cooperativo e orgulhoso.

Planeta regente: Saturno

Planeta vinculado à autodisciplina, à ordem e ao dever. Marca a capacidade de autodisciplina e determinação que todo capricorniano tem. Está associado à capacidade de organização e trabalho duro e a um forte sentido de responsabilidade.

Saturno tem como princípios a valorização racional de todas as coisas, a conservação, concentração, concretização, inércia, responsabilidade e lentidão.

Também traz limitações, restrições, crises e dificuldades. Pode, inclusive, trazer perdas. Mas apenas para mostrar que algo deve ser feito para mudar na vida de seus filhos.

Saturno é o deus que supervisiona o tempo, a disciplina e a dedicação. Isso significa que Capricórnio pode percorrer longas distâncias com notável potência.

Melhores qualidades

Disciplina, paciência, fidelidade, tradicionalismo, ambição, cautela, praticidade, realismo, estabilidade, responsabilidade, maturidade, determinação, eficiência, confiabilidade, organização, respeito às normas, prudência e dedicação.

Defeitos duros de engolir

Teimosia, mau humor, franqueza excessiva, detalhismo, pessimismo, isolamento, egocentrismo, avareza, egoísmo, frieza, autoritarismo, intolerância, individualismo.

O que o capricorniano mais detesta?

Preguiça, pobreza, desemprego, mentira, gente folgada, risada alta, cenas tórridas de amor em público, falta de elegância, gente que fala de boca cheia, falta de respeito à hierarquia.

Homem de Capricórnio

Extremamente empreendedor, é mais militante que sua porção feminina. Sente que o êxito material é a prova máxima de sua masculinidade. Seu foco é acumular dinheiro e ser bem-sucedido profissionalmente. Quando está em uma relação é absolutamente fiel, sério, daqueles que, quando empenham sua palavra, farão de tudo para cumpri-la. Ele está entre os homens mais confiáveis, viris, tímidos e másculos do Zodíaco.

É do tipo que sentava na primeira carteira da classe e tirava as melhores notas nos testes. Não é do tipo que lê ou intui o pensamento de seu parceiro, de modo que se você está buscando alguém que conheça todos os seus desejos, antes mesmo de abrir a boca, Capricórnio não é um signo para ter em conta. Mas, se não tiver problemas em ser explícita em relação aos seus desejos, ele tem uma personalidade afetuosa, que em geral oculta sob sua superfície sisuda. Daí ele se converte em um incrível parceiro e amante.

Mulher de Capricórnio

É *workaholic*, vive para a carreira e para o sucesso profissional. Necessita de alguém suficientemente interessante e bem resolvido. É uma amante devota, fiel e parceira nas horas mais difíceis. Busca êxito de forma agressiva, precisa também de estabilidade emocional, que encontra em uma relação estável e na construção de um lar feliz. Encara o amor cautelosamente, já que tem um pé atrás com os homens. Quando se sente segura, sua fria fachada dá lugar a uma cálida e afetuosa feição. Seu humor irônico, típico de seu signo, é parte de seu atrativo. Ama acima de tudo a tradição e as normas. Tem valores sólidos e uma clara ideia da imagem que pretende passar: de integridade, classe e elegância. O julgamento e aceitação dos demais são muito importantes para ela.

EROTISMO, AMOR E SEXO

Como é no amor

O amor, área que tanto escapa à racionalidade, será um desafio para ele e a meta mais difícil de ser alcançada. É difícil que se arrisque a apostar em algo como o amor se sentir que isso pode impedir seu progresso na profissão. Em geral, só se permite se apaixonar verdadeiramente na vida adulta, quando está bem estabelecido financeiramente.

Busca um parceiro que seja equilibrado e que possa ajudá-lo a alcançar uma posição de destaque na vida. A lealdade e o apoio são mais importantes para ele do que a paixão.

Seu jeito de seduzir se relaciona com o mental. Ele inicia longas conversações de conquistas, nas quais tentará descobrir a habilidade mental de seu pretendente. Ele é daqueles que observam o que a pessoa está vestindo, como caminha, como se acomoda na cadeira, como cruza as pernas e que tipo de perfume está usando. Nada escapa ao seu radar. Se a pessoa passar nesse rigoroso teste, ainda não poderá cantar vitória; deverá suportar, a partir daí, milhões de observações que ele fará a respeito do que gosta, desgosta, quais suas preferências musicais etc.

Depois de quebrar o gelo e sua timidez inicial, demonstrará ser um amante apaixonado e ardente na cama. Uma vez que se sinta seguro e tiver total confiança no parceiro, demonstrará seu lado terno e atencioso.

No amor, é constante, fiel, confiável e sereno. Pode se mostrar, por vezes, distante ou pouco romântico. Não perdoa uma traição; se houver quebra de confiança, esqueça, ele jamais perdoará! Enamora-se lentamente, a atração vai se reforçando com o tempo e, quando sentir que a outra pessoa é confiável, se apaixonará profundamente. A partir daí, mostrará uma lealdade incrível e se esforçará ao máximo para cuidar do amado e oferecer apoio incondicional em todos os momentos.

É daqueles que sentem pavor de ser arrastados pelas emoções. Não é bom nesse terreno. Expressar o que sente é bem difícil, já que seu caráter estoico o obriga a controlar seus sentimentos. É mais fácil, para ele, ter um gesto afetuoso, como dar um presente, a dizer "eu te amo".

Como conquistar ou fisgar um capricorniano

É preciso ter paciência, perseverar bastante para conquistá-lo, e ser, acima de tudo, uma pessoa discreta. Capricórnio é um ser que desde muito cedo sabe o que quer – e isso inclui o casamento, a constituição de uma família e a ascensão social. A imagem social é muito importante para ele, pois sem uma boa imagem não consegue atingir suas metas. Portanto, ser uma pessoa cautelosa diante de decisões, ter os pés bem fincados na terra e ser bem realista quanto às necessidades práticas de uma família são pontos a favor na difícil seleção para conquistar esse coração "pé atrás". Agir impulsivamente, gastar mais do que pode e desprezar a opinião das pessoas que fazem parte dos planos e projetos dele são atitudes que ganham cartão vermelho.

Entre quatro paredes... Seu beijo e comportamento na cama

Seu beijo é denso e profundo como a terra. Mas não gosta muito de novidades e brincadeiras.

Por ser um signo contido, sério e desconfiado, o beijo do capricorniano seguirá um pouco o mesmo ritmo. Capricórnio nunca é assertivo, pois sua insegurança emocional não permite o avanço rápido de nenhum tipo de relação. Sua necessidade de segurança pede conhecimento prévio da pessoa que está ao seu lado. Quando se sente seguro, porém, esse é um dos signos do Zodíaco mais fiéis aos seus sentimentos.

Precisa ter tudo sob controle, e na cama não é diferente. Demora muito para se soltar, e isso só acontece quando passa a confiar na outra pessoa. Então, ele começa a se lançar na exploração física e a se desinibir. É devagar, cheio de preliminares, jamais vai "direto ao ponto". O abraço é o começo de tudo, assim como os beijos lentos e afetuosos. Não é dado a aventuras passageiras, mesmo que esteja só, pois, quando se apaixona, é de verdade.

Para ele, fazer sexo é uma experiência profunda, apaixonada e cheia de toques e carícias.

Por ser um signo tradicional, não gosta de muitos malabarismos entre quatro paredes. É conservador e adepto do "papai-mamãe" na cama.

Quando se libera das inibições, entrega-se completamente ao sexo. Raramente tem aventuras extraconjugais e em geral é de poucas demonstrações físicas ou declarações como "você foi o máximo", "tive a melhor transa da minha vida".

Para aqueles que buscam sexo sem compromisso, escolher o capricorniano é um grande erro. Ele até poderá provar uma vez, mas se perceber que o outro não está em busca de compromisso sério, não repetirá a dose.

Conservador e desconfiado no quesito sexo, até poderá, na primeira vez, deixar que o outro lhe faça sexo oral, mas é bem possível que, ao acabar, em vez de dar um beijo de boa-noite, diga "obrigado" e se esgueire apressadamente para a porta de saída.

Ata-me

Capricórnio é muito racional, acredita que o sentimento e o amor são terrenos perigosos.

É independente e lida bem com a solidão. Seu sentido de vida é muito prático, capaz inclusive de planejar detalhes de suas conquistas. Busca uma pessoa séria, responsável e em quem possa confiar, mas que também não o sufoque. Na cama, é ardente, preocupado em satisfazer o parceiro e ganhar nota 10 no quesito "bom de cama".

Nível de fidelidade: nas alturas. Ele é difícil de se entregar, mas, quando isso acontece, não arrisca a relação por uma "escapadinha".

Sua fantasia

Apesar de ser discreto em público, entre quatro paredes ele se solta e demonstra seu lado selvagem. Filho do elemento terra, é sensual e ama o toque, além de apostar muito nas preliminares. Não é de se soltar nas fantasias, prefere viver a realidade. Um confortável chalé com uma vista impressionante e uma bela lareira é passaporte para uma incrível noite de prazer. Como tem forte relação com o trabalho, transar em cima da mesa da sala de reunião de sua empresa pode ser algo muito excitante. Outro ambiente que lhe é agradável é em uma suíte presidencial do hotel mais chique da cidade. Aqui o ambiente deve ser luxuoso e cheio de poder.

Seu ponto G

Discreto, porém apaixonado, ama dar uma boa impressão ao seu parceiro. A batata da perna é um dos seus pontos eróticos. Massageie essa zona com óleo perfumado. Mordidas suaves vão bem; uma dica infalível: beijar a parte de trás da perna, na altura do joelho. O joelho também é um ponto de excitação e massagens suaves ao redor dele excitarão o capricorniano rapidamente.

Compatibilidade

No começo, após alguma persistência, achará o ariano cheio de tesão. Mas após um tempo, o capricorniano considerará seu parceiro um tanto quanto fogo de palha e apressadinho demais.

Com o taurino, será a solidez na sala VIP. Serão inseparáveis e um sentirá que o outro é seu porto seguro. Haverá muito estímulo e sensualidade mútua.

Achará o geminiano muito volúvel, frívolo e pouco confiável para seu tipo. Escasso entendimento.

Com Câncer, seu oposto complementar, é a combinação ideal. Um estimula muito o outro. O canceriano fica hipnotizado com o paciente, ambicioso e competente parceiro. Chispas sexuais saltarão dos lençóis.

O capricorniano considerará o leonino obsceno e desinibido demais. Já o leonino achará seu parceiro um tanto quanto convencional. Falta total de sintonia.

Capricórnio e Virgem: dois esforçados trabalhadores dispostos a dar provas de amor sem se cansar. Ambos são tímidos e reservados, mas entre quatro paredes o sexo é bem *caliente,* podendo até sair fogo dos lençóis.

Capricórnio poderá atrair o libriano no início, mas logo o lado conservador desse signo de terra jogará água fria no filho de Vênus. O libriano achará que o capricorniano é tradicional, careta e até mesmo chato na hora da transa.

Com o sexy e intenso escorpiano, o capricorniano vai arder de prazer. Uma parceria incrível.

Muitas diferenças de temperamento jogarão água na fogueira dessa relação. Sagitário adora piadas e fala pelos cotovelos, e Capricórnio odeia gente que fala demais e não acha graça em piada nenhuma.

Com Aquário é mais ou menos como tentar misturar óleo e vinagre:

simplesmente não rola! Vidas divergentes, filosofias e ideais díspares, falta de sintonia na cama.

Uma boa dupla, a água de Peixes se mescla à sólida terra do Capricórnio e o resultado são incríveis *performances* na cama.

Estilo sexual

Caráter sexual	Impulso sexual	Motivação
Fiel***** Volúvel Propenso ao flerte Ciumento*	Forte Médio Fraco Depende da iniciativa do parceiro*****	Desejo* Amor**** Romance Aventura Segurança***** Compromisso*****

PRESENTE IDEAL

Garrafa de vinho do Porto, pasta de couro para o trabalho, CDs de música clássica, perfume clássico com belo frasco, joias antigas, tapete de pele de cabra, viagem ao Taj Mahal.

COR AMIGA E DE AFINIDADE: MARROM

É a cor da Mãe Terra. Dá a sensação de estabilidade, segurança e solidez. É indicada para ser usada em compromissos de trabalho, a fim de passar segurança e confiança para outras pessoas. Representa maturidade, responsabilidade, consciência, resistência e confiabilidade.

Está, ainda, associada ao conforto (o bege pode ser considerado um castanho-claro), à estabilidade e à simplicidade.

O marrom representa a constância, a disciplina, a uniformidade e a observação das regras. Conecta a pessoa à natureza e à terra. Usado em excesso traz autocrítica exagerada, dependência afetiva e isolamento. Emana a impressão de algo maciço, denso, compacto.

Sugere segurança e solidez, atributos que os capricornianos tanto amam. É a cor do outono, do recolhimento.

CAPRICORNIANOS FAMOSOS

ELES

Michael Schumacher, Anthony Hopkins, Elvis Presley, Mel Gibson, Marylin Manson, Nicolas Cage, Jim Carrey, Gerard Depardieu, Tiger Woods, Ricky Martin, Jude Law, Val Kilmer, Denzel Washington, Jô Soares, Renato Aragão, Eri Johnson, Giba (do vôlei), Selton Mello, Pedro Cardoso, Dráuzio Varella, Luiz Melodia, Nando Reis, Oswald de Andrade, Rubem Braga.

ELAS

Carla Bruni, Kate Moss, Kate Middleton, Sade, Ava Gardner, Marlene Dietrich, Annie Lennox, Claudia Raia, Alinne Moraes, Wanessa Camargo, Débora Duarte, Cassia Kiss, Patrícia Pillar, Rita Lee, Simone, Rita Camata, Nara Leão.

PERSONALIDADE DO SIGNO

Kate Moss
Sol em Capricórnio, Lua em Escorpião.

Uma capricorniana com a energia de um furacão. Tem coragem, desejo de poder, entusiasmo, nostalgia e os temores próprios do signo. Uma lutadora, com um toque místico. O criativo é seu refúgio, onde canaliza seus medos e angústias. Sua Lua faz dela uma pessoa magnética, energética e determinada.

MODA CAPRICÓRNIO

Estilo: tradicional e elegante.

Descrição: pessoa conservadora, que não gosta de chamar atenção, discreta, séria, organizada, honesta, pouco falante e muito observadora, extremamente exigente.

Prioridades na roupa: qualidade, caimento, a roupa tem de ser discreta mas com toque luxuoso, e tem de ser atemporal.

Roupas: que não modelem o corpo, cores e estampas discretas, tecidos como lã, tricoline de algodão, cashmere, seda e jérsei, poucos detalhes. Design clássico, linhas retas, risca de giz, príncipe de Gales.

Cores: combinação de duas ou três cores; cores claras, neutras, escuras ou opacas.

Cabelo

A mulher de Capricórnio gosta de parecer elegante. Corte um pouco abaixo do ombro, na cor castanho médio. O comprimento médio com leve repicado nas pontas também agrada a exigente capricorniana.

AQUÁRIO, O AMANTE MODERNINHO
21/1 A 19/2

Tem interesse pela humanidade, mas quando se trata de lidar com uma pessoa só, se atrapalha todo. Gosta de fazer as coisas a seu modo e é extremamente independente.

Mantra de Aquário: *Para ser insubstituível, você tem que ser diferente. (Coco Chanel)*

TRAÇOS GERAIS

Tudo que você gostaria de saber sobre os aquarianos e ninguém nunca falou

É o signo do grupo, ama a humanidade, mas tem dificuldade em dar atenção a uma só pessoa. Tende a ser rebelde e ir contra as normas, rotinas e leis. Faz as coisas de uma forma distinta. Como todo signo de ar, tem dificuldade em se conectar a suas emoções.

Por ter Urano, o rebelde, como regente, tende a estar à frente de sua geração; se houver uma nova moda, comportamento etc., o aquariano é o primeiro a se engajar. É excêntrico e até surrealista e às vezes tem dificuldade de entender a si mesmo, principalmente no que se refere à vida amorosa. Tende a lutar entre desejar uma relação e ao mesmo tempo experimentar um sentimento de desapego.

É elétrico, agitado, ágil, vivo, inteligente e original. Tem uma energia positiva e irradia eletricidade estática. Cria uma distância entre as pessoas, como um cientista que observa seu experimento de longe.

Signo amante da liberdade, necessita de espaço e da possibilidade de ir e vir sem muita cobrança. É fã de carteirinha do campo da alta tecnologia, e a internet é pura diversão para ele. É atraído pelos encontros e pelo bate-papo on-line, pois são ferramentas que permitem que se envolva a distância com os demais.

Do elemento ar, tira toda a simbologia de sonhos, idealizações e planos que mudam a humanidade. É considerado o servidor da espécie humana.

Governa o parlamento, as entidades legislativas, os congressos, avanços tecnológicos e as conquistas da mente e da ciência.

Temperamento

Cheio de rebeldia e curiosidade, tem fascínio pela mente humana. Regido por dois planetas que, em primeira instância, parecem antagônicos. É o espaço do céu que Saturno, seu corregente, o deus do tempo e dos limites, tem que dividir com Urano, seu regente, o senhor das transgressões, do caos e da liberdade. Desse encontro de gigantes nasce uma pessoa diferente, até mesmo oposta.

Se Urano imperar, aparecerá o revolucionário, subversivo, com tendência a recriar o novo. Ele tem encontro marcado com uma revolução. Quando Saturno é quem comanda, aparece o aquariano dedicado a conservar e reorganizar tudo que o tempo traz. Colecionador, historiador, cientista ou ditador. A personalidade do aquariano oscila entre a contestação e a ditadura, mas os nativos desse signo têm uma coisa em comum: a necessidade de fazer parte de um grupo e participar dele como uma pessoa independente.

O destino do aquariano é sair do passado rumo ao futuro, sem se deter no presente. Para ele o presente não existe.

Sua inteligência é uma das maiores do Zodíaco. É pensador com capacidade para a abstração e para formular leis, teorias e conceitos bem claros. Às vezes é frio e impessoal. Não porque não tenha sentimentos nem profundas emoções, mas por medo de se entregar e perder o que mais valoriza: a razão. Para ele, um excesso de sentimentos impediria sua capacidade de pensar e inventar. É ideal para as ciências, comunicação social e para o mundo do entretenimento. Por ser amistoso, seu círculo social é extenso e variado.

Planeta regente: Urano

Sendo Urano o regente e Saturno o corregente, temos uma combinação difícil, já que esses planetas são totalmente opostos. Daí se pode entender por que esse signo é tão complexo. Aqui temos o dilema entre liberdade e compromisso. Enquanto Saturno diz "não se atreva!", Urano grita "ouse!".

Urano representa o desejo de liberdade e individualidade, além do lado rebelde contra a autoridade, contra o estabelecido, que o aquariano tanto ama. Esse planeta dá inclinação ao nativo a trabalhar com invenções e a necessidade de transgredir a ordem. A influência de Urano faz com que seja livre pensador, revolucionário, imaginativo e, às vezes, perverso.

Saturno, por sua vez, é o planeta das estruturas, regras, códigos de conduta. É o alicerce do Zodíaco e aquele que ensina que nada vem de graça.

Quando é Saturno que vence a batalha, o aquariano aprende que deve permanecer dentro dos limites e se ajustar às expectativas e regras da sociedade.

Saturno é o que intima. Urano é o que liberta.

Melhores qualidades

Inteligência, decisão, inovação, idealismo, raciocínio rápido, integridade, otimismo, sociabilidade, originalidade, perseverança, objetividade, entusiasmo, capacidade de adaptação, concentração, senso artístico. É engraçado, confiante, atraente, competitivo e multitalentoso.

Defeitos duros de engolir

Excentricidade, teimosia, distração, impaciência, impulsividade, hiperatividade, confusão, crítica, insubordinação, senso crítico exagerado, incompreensão. Rebelde, intolerante, frio, áspero, deprimido, teimoso, anárquico, instável, nervoso, apressado, desengonçado, crítico, cínico.

O que o aquariano mais detesta?

Gente retrógrada, falta de humor, conservadorismo, caretice, maus-tratos aos animais, alimentos transgênicos, preconceito, racismo, desigualdade, pieguice, descontrole emocional, TPM.

Homem de Aquário

É muito divertido, aberto e sempre está disposto a comentar qualquer tema. É daqueles que detestam que fiquem em seu pé. Se diz que vai ligar e não liga, espere: o pior a fazer é chamar e cobrar o porquê de não ter ligado. É pouco romântico, supercerebral e considera a função mental essencial em uma relação. Busca uma parceira que seja mais do que um lindo corpinho. Para ele, só a embalagem não basta. É preciso ter conteúdo para fisgar o aquariano. Pouco ciumento, dá liberdade para a companheira e exige o mesmo. É bem resolvido, otimista e sagaz. Tende a ser paquerador e inclinado à infidelidade.

Mulher de Aquário

Ela é capaz de viver por si mesma, sem depender de ninguém. Sente que pode fazer coisas que um homem faz. É ousada, daquelas que fazem coisas diferentes das outras pessoas. Atreve-se a lutar por aquilo em que acredita. É líder, confiante e otimista.

Sua natureza é individualista e determinada, e o que lhe falta é flexibilidade e diplomacia. É reconhecida por sua determinação, que atrai admiradores. Suas características predominantes são poder de persuasão, uma fé que move montanhas e facilidade em superar os obstáculos mais difíceis. Dentro dela há uma semente comunista, um sonho de igualdade e fraternidade.

EROTISMO, AMOR E SEXO

Como é no amor

Deseja viver uma relação livre, cheia de cumplicidade, amizade e sem rotina, que é um veneno para a relação. Só se compromete se perceber que a relação não vai limitar sua possibilidade de voar. Se não perder sua autonomia, estará feliz dentro de um relacionamento. É original, idealista, nem um pouco romântico, ousado no pensamento e nas ações.

Busca um amigo e amante que seja socialmente adaptável, que tenha preocupações sociais, que goste de seus amigos e que não seja pegajoso. Dá muito valor à liberdade e à afinidade intelectual em um relacionamento.

Precisa de um parceiro que goste de ter a curiosidade atiçada, que seja articulado, aberto e inteligente, cheio de vivacidade e que não exija gestos ou palavras românticas, já que isso o aquariano não consegue dar. Jamais irá exibir paixão ou demonstrações explícitas de amor em público. Inclusive, sente-se incomodado se o parceiro cria esse tipo de situação.

É dado a relacionamentos mentais. Se faltar o fator intelectual na relação, logo se cansa, se separa ou tende a ser infiel. Sua faceta aérea e uraniana faz com que tenha um pouco de temor ao amor e ao compromisso. A melhor forma de fazê-lo fugir da relação é ser excessivamente emocional, absorvente e controlador. Ele se desconectará imediatamente da pessoa.

Precisa de espaço no amor, já que é extremamente independente, não gosta de ficar limitado a nada. Isso resulta em dificuldade com a intimidade emocional. Tende a esconder suas emoções debaixo de buscas intelectuais e tem profundo medo do abandono.

Como conquistar ou fisgar um aquariano

Não é nada fácil fisgar esse signo, e é para aqueles que queiram viver um relacionamento solto, moderno, em que a individualidade de cada um seja preservada. É somente para quem estiver pronto para um relacionamento livre. Para os mais conservadores, o aquariano só trará preocupações e neuroses. Ele faz parte daquele grupo de pessoas chamadas "solteiros convictos", pois traz dentro de si – e isso nunca ninguém vai conseguir mudar – um sentido de liberdade e de independência encontrado em poucos signos, talvez só em Sagitário. Não respeita regras sociais, a não ser que elas convenham a ele. Portanto, prepare-se para embarcar em uma grande aventura.

Entre quatro paredes... Seu beijo e comportamento na cama

O elemento ar lhe confere um estilo leve e rápido, inteligente e livre. Apaixonado pelos jogos sexuais, não tem nenhum preconceito. É desapegado, abomina o excesso de emoções e adora variar. A rotina o entedia. Seu beijo é pouco intenso, brincalhão, e carrega o medo de se apaixonar. Pode inventar maneiras inovadoras de beijar, o que pode agradar, pela carga de brincadeiras e aventura. Com ele você pode esperar por muitas surpresas.

Não tem problema algum com o sexo ocasional, até que encontre alguém que realmente o prenda. Como signo fixo e regido por Urano, possui forte impulso sexual, mas sem muita conexão entre corpo e emoção. Para ele, sexo pelo sexo é muito bom também. É daqueles que acordam ao lado de uma pessoa sem lembrar sequer o nome dela. Ele é do amor livre. Sem muitas inibições, é dado a um sexo meio pervertido, que poderá chocar signos mais convencionais. Uma parte dele (Saturno) quer intimidade, mas a outra (Urano) quer ser livre.

Por ser meio instável ou "galinha", dará umas puladas de cerca, já que seu impulso sexual é poderoso. Mas quando engata uma relação certa, se mantém fiel e muito leal.

É um signo que se alegra com as preliminares intelectuais e busca um amante que compartilhe sua necessidade de estar inspirado. No sexo, tende a ser original e é atraído para relacionamentos românticos que não sigam nenhuma regra. Aqui o intelecto equivale ao sexo. Geralmente procura alguém com quem possa explorar todas as suas necessidades intelectualmente diversas e um romantismo um tanto excêntrico.

Saboreia sua liberdade sexual, e sua libido pode variar desde o excêntrico até o reservado, desde o sexualmente ardente até o completamente desinteressado. Quer quebrar todas as regras e códigos sexuais e tem dificuldade de se conformar quando seu parceiro é conservador. O que quer é ter liberdade de ser quem é e realizar plenamente todos os seus desejos sexuais, que podem incluir sexo a três, quatro, cinco...

Ata-me

Aquário é original, gosta de experimentar na cama, ama surpresas nesse terreno. Não gosta de relacionamentos convencionais, busca alguém diferente, com quem possa sintonizar sua alma. Quanto mais flexível sua parceira, melhor. O ideal é que a relação se pareça o máximo possível com uma amizade. Aquariano odeia controle, ciúme e mulher passional. Cheio de ideias originais sobre sexo, adora fantasiar, falar palavras picantes, inverter os papéis, surpreender.

Nível de fidelidade: essa palavra não existe em seu dicionário! Para ele, ser fiel é ser companheiro, cúmplice, parceiro na alegria e na tristeza. Quando o tema é atração sexual, acredita que, mesmo amando, é possível ter tesão por outra pessoa. Não perde noites de sono se trai a parceira, pois, para ele, é só sexo!

Sua fantasia

Por ser um dos signos mais transgressores e criativos do Zodíaco, adora novidades e aventuras. Não tem nenhum pudor em fazer propostas indecorosas ao parceiro. Sexo no carro, na escadaria do prédio em que trabalha, no banheiro da casa do avô ou em qualquer lugar que seja diferente costuma fazer parte das fantasias do aquariano. Também vai agradar em cheio uma transa no elevador ou no banheiro do avião, tudo com um gostinho de perigo e de fuga das regras básicas do sexo.

Seu ponto G

Sem limites na hora do prazer, morre de excitação quando é estimulado no tornozelo e na parte inferior das pernas. Amante das sensações, o ideal é que jogue com diferentes elementos nessa parte do corpo. Comece fazendo cócegas com uma pluma, um tecido suave ou com a boca. A liberdade é uma característica desse signo, portanto, esqueça a cama; ouse, procure lugares mais originais... Uma deliciosa massagem com óleo de lavanda é um tremendo presente, assim como carícias por todo o corpo. E, se for feita suavemente, ele entrará em êxtase.

Compatibilidade

Com Áries, forma uma incrível dupla cheia de imaginação, posições diferentes e orgasmos múltiplos.

Nem com muita negociação a coisa rola! Aquarianos amam o inusitado, o diferente, o que é fora da rotina, e isso pode gerar no taurino uma tremenda crise de falta de chão.

Geminianos estimulam ainda mais a necessidade de novidade e diversão dos aquarianos e compartilham com eles a total ausência de tabu nos temas sexuais.

Aquarianos podem assustar o canceriano com sua incrível necessidade de liberdade e frieza emocional. O sexo será medíocre se chegarem às vias de fato. Para o aquariano, o sexo é puro entretenimento, e, para o canceriano, o ato sexual é uma união de almas.

Leão e Aquário são opostos complementares. Funcionam bem por um tempo, durante o qual o leonino ficará hipnotizado com o sem limites e divertido aquariano. Depois de certo tempo, no entanto, a falta de romantismo do parceiro de ar vai frustrar seu companheiro cheio de fogo.

Virgem e Aquário têm uma coisa em comum: são emocionalmente distantes e têm dificuldade em expressar seus desejos e sentimentos. Mas as similaridades acabam aí! Melhor substituir o sexo por jogos mentais, já que ambos são intelectualmente bem desenvolvidos – xadrez, dama, gamão ou uma visita ao museu vai dar mais liga do que uma trepada.

Aquário, com sua incrível mente e seus voos de fantasia sexual, é a medida perfeita para o libriano. As fantasias, desde *stripteases* até encarnar o médico ou a enfermeira, farão com que desfrutem de uma relação erótica com boas perspectivas. Nada aqui é convencional; isso fica para os signos mais terrenos. Com dois signos de ar, a mente criativa é tudo!

Com o escorpiano a combinação será bem complicada, para não dizer sinistra. Os aquarianos vivem a vida teoricamente e querem falar sobre tudo que lhe passa na cabeça, desde sexo até sua profissão. Já o escorpiano prefere mais ação e menos palavras. Não rola química!

Aquário e Sagitário são signos futuristas e entendem que o sexo não é apenas pra fazer neném. O pensamento livre do aquariano é o complemento perfeito do idealismo do sagitariano. Aqui os orgasmos serão múltiplos e com eco.

Com Capricórnio é mais ou menos como tentar misturar óleo e vinagre: simplesmente não rola! Vidas divergentes, falta de sintonia na cama, filosofias e ideais díspares.

Com seu semelhante, ele encontra um companheiro de alma que estará disposto a experimentar o novo e diferente. Acha o 69 muito convencional, prefere dar asas a uma fantasia sexual que deixaria os editores da revista *Penthouse* envergonhados. Muito prazer e orgasmos múltiplos quando dois aquarianos se unem na cama.

Peixes terá, de início, um atrativo para o irreverente aquariano. O aquariano achará divertido o estilo antiquado e romântico do pisciano, mas só no princípio. Já o parceiro de água achará interessante a inventiva aquariana, de modo que haverá uma boa dose de prazer. Mas assim que começarem a se conhecer melhor, o sexo declinará e a parceria durará pouco.

Estilo sexual

Caráter sexual	Impulso sexual	Motivação
Fiel	Forte	Desejo***
Volúvel*	Médio***	Amor*
Propenso a flerte***	Fraco	Romance
Ciumento	Depende da iniciativa do parceiro****	Aventura***
		Segurança
		Compromisso*

PRESENTE IDEAL

Joias étnicas de prata e ametista, caixa de vinho orgânico, uma viagem a Bali, passear de balão na Capadócia, *laptop*, câmera digital.

COR AMIGA E DE AFINIDADE: LILÁS

O lilás é um tom mais claro da cor roxa. Significa espiritualidade e intuição, portanto, uma cor metafísica, bem ao gosto dos aquarianos. É a cor da alquimia e da magia. Ela é vista como a cor da energia cósmica e da inspiração espiritual. Segundo os místicos, é excelente para purificação e cura dos níveis físico, emocional e mental. Ajuda a encontrar novos caminhos para a espiritualidade e a elevar a intuição espiritual.

Simboliza respeito, dignidade, devoção, piedade, sinceridade, espiritualidade, purificação e transformação.

O lilás representa o mistério, expressa sensação de individualidade e de personalidade, associada à intuição e ao contato com o todo espiritual. É aconselhável para locais de meditação.

AQUARIANOS FAMOSOS

ELES

David Lynch, Elijah Wood, Phil Collins, Brandon Lee, Alice Cooper, Axl Rose, Christian Bale, Robbie Williams, Cristiano Ronaldo, John Travolta, Paul Newman, Neymar, Tom Jobim, Martinho da Vila, Orlando Morais, Rogério Ceni, Robinho, Marcello Antony, Malvino Salvador, Lenine, Leonel Brizola, Djavan, Cauby Peixoto, Victor Civita, Henfil.

ELAS

Paris Hilton, Jennifer Aniston, Oprah Winfrey, Bridget Fonda, Zsa Zsa Gabor, Cindy Crawford, Caroline de Mônaco, Ivana Trump, Sheryl Crow, Virginia Woolf, Ellen DeGeneres, Shakira, Carmem Miranda, Carolina Ferraz, Claudia Ohana, Christiane Torloni, Maitê Proença, Marília Pêra, Sabrina Sato, Sandy, Paula Burlamaqui, Beth Goulart, Regina Duarte.

PERSONALIDADE DO SIGNO

Mia Farrow

Sol em Aquário, Lua em Capricórnio e ascendente em Touro.

Urano a faz gostar das novidades e do antigo ao mesmo tempo. Seu regente a dota de criatividade, originalidade e poder de decisão. Tem um grande encanto pela mudança e pelo novo e, quanto mais difícil parecer, mais coloca sua atenção. No amor, acaba sendo brincalhona.

MODA AQUÁRIO

Estilo: criativo, esportivo e moderno.

Descrição: pessoa despojada, aventureira, gosta de chamar atenção, divertida.

Prioridades na roupa: tem de ser diferenciada, mas com conforto e qualidade.

Roupas: que chamem atenção pelas cores, estilo descontraído. Os tecidos são diferenciados, mas confortáveis.

Cores: cítricas, muito neon, lilás, roxo, muito colorido.

Cabelo

Por ser uma mulher antenada e dada à excentricidade, ela adora explorar novidades. O loiro quase branco remete às ondas elétricas que simbolizam seu signo. Gosta de cortes assimétricos, desconectados, com franja comprida e nuca batidinha. Uma pomada ajuda a dar textura e brilho aos fios, que em geral são rebeldes como sua personalidade. Trancinhas ou penteados inusitados caem bem para a elétrica aquariana.

PEIXES, O AMANTE SONHADOR
20/2 A 20/3

Quando o pisciano se apaixona, se perde num mar de emoções. Sua personalidade sedutora e romântica não coloca limites entre ele e o ser amado.

Mantra de Peixes: A falta de amor é a pior de todas as pobrezas. (Madre Teresa de Calcutá)

TRAÇOS GERAIS

Tudo que você gostaria de saber sobre os piscianos e ninguém nunca falou

É o mais suave, receptivo, atento e sensível signo do Zodíaco. Sua intuição é poderosa, é como se tivesse um raio X de percepção, vendo mais do que qualquer outro. Observa além do que o outro diz, seus gestos, o tom de voz, o olhar e a postura.

Possui um incrível dom psíquico que abre um canal para o lado místico da vida. É aquele que crê, tem fé e segue sua intuição. Busca um caminho espiritual, quer entender as religiões, os dogmas, o além.

É receptivo, gosta de dar o ombro para os amigos chorarem e os ouvidos para o outro desabafar. Não é de ficar de bate-boca, discutir não faz parte de seu estilo. É tolerante, sem preconceitos e não costuma julgar o outro; pelo contrário, não vê maldade em ninguém, tanto que é o signo mais propenso a cair no "conto do vigário".

Tem uma constituição sonhadora e, por vezes, parece perdido no tempo e no espaço. Criativo, poético, visionário, artístico, o pisciano por vezes tem dificuldade em viver a realidade dura e fria. Costuma, em momentos de crise, usar os óculos cor-de-rosa da fantasia, do escapismo e da negação.

Mais desapegado do mundo material, por vezes se perde em contas atrasadas ou em saldo bancário negativo do qual não havia se dado conta.

De boa índole, compassivo e guiado pelo sentimento, é o signo do Zodíaco mais voltado à religiosidade.

Da água, seu elemento, tira sua capacidade de se unir aos elementos básicos da vida. É o signo do original, fascinante, generoso e bondoso. É contido e necessita de impulso para progredir.

Governa a enfermagem e os hospitais, asilos e prisões.

Temperamento

Por vezes parece que age de uma maneira estranha e incompreensível, que está andando sem rumo e sem dar atenção ao lado prático da vida. O pisciano é permeável ao mundo emocional das pessoas que o cercam e demora para separar essas impressões dos seus verdadeiros sentimentos. Está sempre sendo invadido por sentimentos que não são seus. Quando essa sensibilidade não encontra uma saída, acaba resultando em confusão e instabilidade, em sentimento de culpa e em depressões ou medos sem razão aparente. O desejo de escapar dos limites do mundo material e experimentar outras dimensões da realidade pode levar a uma dificuldade de se adaptar ao real, ao consumo de álcool e drogas.

De todos os signos do Zodíaco, é o que tem mais desenvolvidas as qualidades intuitivas e emocionais. Consciente ou inconscientemente, busca essa união com o mundo espiritual. Sua crença em uma realidade superior faz com que seja tolerante e compreensivo com os demais, até em demasia.

Por ser um signo duplo, por vezes apresenta essa duplicidade em suas contradições, quando as coisas se apresentam negras e ele as vê brancas, com o propósito de não enfrentá-las. Por outro lado, sua indecisão para planificar uma estratégia se contrapõe com a rapidez com que pode chegar a executar algo que apareça de improviso, já que criatividade é sua praia!

Planeta regente: Netuno

Netuno é o deus mitológico dos mares, da inspiração e da sensibilidade. Esse planeta governa tudo o que afasta do real, do material, e presenteia seus filhos com uma imaginação incrível e um dom de compreender o que os outros sentem, sem precisar de palavras.

Quando essa sensibilidade é bem canalizada, gera pessoas

encantadoras, artistas de talento e curadores maravilhosos. Mal canalizada, dá origem aos fantasiosos, alcoólatras, fracos, lunáticos.

Netuno faz com que o pisciano seja uma esponja do mar psíquica, que tende a absorver tudo que ocorre ao seu redor. Também o inclina a ser escapista, ansiando transcender a realidade chata e buscando estados alterados da consciência. Netuno oculta a verdade e sob sua influência o pisciano acaba sendo impressionável e místico. Sua habilidade de ver claramente como é uma pessoa fica obscurecida sob a mirada hipnótica desse planeta. E por vezes faz com que sua esperança não seja mais que miopia.

Melhores qualidades
Misticismo, intuição poderosa, idealismo, solidariedade, generosidade, dedicação, versatilidade, sensibilidade social, responsabilidade, emotividade, capacidade de adaptação. É, ainda, imaginativo, sutil, emotivo, artístico, criativo, compassivo, amoroso, parceiro, leal, cheio de fé.

Defeitos duros de engolir
Vitimização, inquietação, confusão mental, escapismo, hipocondria, comodismo, timidez, manipulação sutil, vulnerabilidade, ingenuidade, suscetibilidade.

O que o pisciano mais detesta?
Rudeza, pressa, frieza, feiura, desamor, agitação, gente que fala alto ou que discute em público, ceticismo, falta de fé, vulgaridade.

Homem de Peixes
O pisciano é um homem intuitivo, que busca a transcendência em tudo que faz. Seu elemento água lhe confere uma profunda intuição e solidariedade. Percebe o que o outro pensa, deseja, sente. Por vezes tem um comportamento passivo-agressivo, relacionado à expressão de suas necessidades. Muito sensível, emotivo, com uma espiritualidade forte, é um homem delicado e simples. Dotado de pensamento mágico, se interessa por esoterismo, parapsicologia, reencarnação. É daqueles que consultam um astrólogo ou carregam um talismã de proteção na

carteira. Tende a buscar musas femininas sobre quem possa projetar sua fantasia romântica e sexual. É do tipo que lê Playboy e outras revistas com certo erotismo criativo. A probabilidade de ser passivo no amor é maior do que na maioria dos homens de outros signos.

Mulher de Peixes

Para a pisciana, a vida é um sonho cor-de-rosa, cheio de paixões e fantasias. É movida a amor e tem sempre um brilho no olhar. Porém, a realidade às vezes consiste em um problema para ela. Tem uma gigantesca capacidade imaginativa e se envolve virtualmente com todo tipo de ideia, mas às vezes tem dificuldade em passar para o mundo concreto, para a ação. Seus olhos estão sempre com um ar místico e fascinante. É extremamente intuitiva e muda facilmente de humor, dependendo da pessoa que estiver ao seu lado. Não é direta, faz rodeios e respeita muito o outro, não invade seu espaço. É doce, carinhosa e às vezes dá mais do que recebe. Sonha em se casar de noiva, ser cortejada, noivar e fazer seu enxoval, tudo com muito romantismo.

EROTISMO, AMOR E SEXO

Como é no amor

No amor, busca parceiros doces, seguros de si e de fácil convivência. É carismático, hábil e idealista, apesar de suscetível e caprichoso. Possui grande sensualidade e mente brilhante. Tem propensão a viver paixões novelescas, do tipo dramalhão mexicano. Necessita ser estimulado por pessoas bem vestidas e de boa aparência, que se pareçam com os heróis e heroínas dos contos de fadas de sua infância, a quem possa se entregar de corpo e alma, de forma servil e abnegada.

Busca um protetor amoroso, uma alma irmã, uma pessoa espiritualizada, que saiba aceitar seu humor sempre mutável e sua necessidade de solidão e de privacidade. Ah! E que goste de bichos...

É solidário e se sacrifica por quem ama, apesar de também ser por vezes irracional e inconstante no amor. Está sempre buscando ternura e serenidade na relação. É afável, suave e empático. Busca amores perfeitos, que irradiem paz e tranquilidade. Acredita em alma gêmea e no príncipe e na princesa encantada!

Poderíamos pensar em Cinderela como uma autêntica pisciana: vivia à espera de seu príncipe encantado. Tem uma vocação incrível para o amor romântico, incondicional e profundo. Sofre, às vezes, por um amor inatingível.

Quando está apaixonado, é capaz de deixar de lado suas próprias necessidades. É atencioso com o outro. Para ele, o desejo e o amor são a mesma coisa.

Separação é difícil para esse signo, o que faz com que mantenha mais de uma relação ao mesmo tempo. Mas, quando realmente se apaixona, é totalmente fiel, romântico e mágico.

Sempre que se apaixona, acredita ter encontrado sua alma gêmea. Tende a ser sonhador, romântico, sensível e às vezes ardiloso. Às vezes é carente e faz o papel de vítima quando suas necessidades emocionais e românticas não são atendidas.

Tende a se enamorar loucamente e saltar a uma nova relação quando a ilusão desmorona. Busca uma união mística. Por vezes acredita que uma relação extraconjugal não significa que ame menos seu parceiro.

Como conquistar ou fisgar um pisciano

Mandar belos poemas, compor canções de amor ou enviar e-mails românticos falando de sua paixão e de tudo que farão juntos é o caminho certeiro para flechar seu coração.

Entre quatro paredes... Seu beijo e comportamento na cama

O pisciano é um ser emocional e afetivo, e seu beijo traz toda a carga de emoção que esse signo possui. Seu beijo é apaixonado e carregado das mais loucas fantasias de amor perfeito. Os contos de fadas sobre príncipes e princesas são o cenário perfeito para seus sonhos. A delicadeza e o romantismo fazem parte de seu ritual amoroso, e o beijo nunca pode faltar em seu relacionamento. O beijo do pisciano costuma levar às alturas, é profundo e carinhoso.

O sexo, para o pisciano, é fluido e romântico. Esse é um signo enamorado pelo amor e pelo sexo voltado para o amor. Segundo ele, o sexo é o que une o casal. Como signo do elemento água, não discrimina o outro, por isso, entrega-se à relação acreditando que sente amor, quando, muitas vezes, se trata de desejo sexual disfarçado de amor.

Com um amante certo, o sexo é uma experiência transcendental que leva o pisciano a uma união mística com o ser amado, transformando-se na realização de um sonho.

Na cama, é um parceiro sensível, criativo e generoso. Às vezes a ponto de sacrificar as próprias necessidades a fim de satisfazer as do outro. Tende a ser atraído por fantasia e pelo romance. Por um lado, quer satisfação emocional e sexual; por outro, se sente inseguro para expressar seus desejos mais profundos.

Quando tem um vínculo sexual forte com um parceiro, mesmo quando a relação termina, nunca rompe o vínculo, já que tende a se prender ao passado e a seus ex-amantes. Nada pode ser mais prazeroso para ele do que encontrar um velho e querido parceiro de cama e acender novamente a chama da paixão e do tesão, mesmo que temporariamente.

Ata-me

Atencioso, sensível e capaz de grandes sacrifícios quando se trata de sexo e amor. Sua sensibilidade para fantasia faz com que dê asas à imaginação na hora da transa. Cria uma atmosfera de sonho, mística e suave entre quatro paredes. É impossível não sucumbir aos seus encantos. É daqueles que começarão beijando o outro do topo da cabeça até os dedinhos dos pés – que, por sinal, são o ponto fraco do pisciano!

Nível de fidelidade: não é dos mais fiéis, apesar de ser muito romântico. Apaixona-se facilmente, já que possui a urgência de amar e ser amado. É muito emotivo e carente, sempre necessitando de mais e mais amor.

Sua fantasia

Suas tórridas fantasias sexuais incluem água e lugares românticos. Uma suíte em um transatlântico de luxo ou em um cruzeiro no Caribe. Uma noite regada a champanhe em uma tenda exótica, cheia de velas aromáticas e cenário de um filme de Hollywood. O que também excita um pisciano é o voyeurismo, espelhos no teto, nus fotográficos e todo tipo de fantasia (vestimenta). Por ter um caráter fluido e inclinação a viver em um mundo de fantasias, ele se converte em um amante que o outro deseja. Sussurrar palavras de amor ao seu ouvido, poesias eróticas ou amorosas o excitam bastante. Um lugar bonito, com pouca iluminação, velas, vinho, aromas sensuais, música instrumental de fundo... tudo predispõe a uma adorável noite de prazer.

Seu ponto G

Seus pés são sua zona mais erótica. Adora que acariciem essa parte, que massageiem ou simplesmente que chupem seus dedos até que chegue ao delírio. Os sapatos se convertem em um fetiche: tocar, olhar, cheirar ou ver sapatos o excita muito.

Compatibilidade

O jeito melodramático do pisciano deixará enlouquecido o signo mais apressadinho do Zodíaco, Áries, e muita água fria vai ser jogada na fogueira do ariano.

O taurino se comportará como um tremendo gentleman, refreando seu impulso natural de apertar, quase esmagando, o suave pisciano. Parceria promissora com toda uma vida pela frente de puro romantismo.

O jeito suave e vagaroso do pisciano deixará enervado o rápido geminiano, e pouca química acontecerá entre o casal.

O jeito melodramático do pisciano deixará enlouquecido o tímido e suave canceriano. Ambos são afetivos e dispostos a dar e haverá aqui altas sessões eróticas. Como são de signos de água, a confiança será um assunto muito importante que solidificará ainda mais os vínculos na cama.

O jeito suave e de vítima de Peixes vai cansar o parceiro de fogo. E o parceiro de água vai achar o leonino muito fanfarrão. Não rola!

Com os virginianos a química é imediata. O nativo de Peixes está disposto a fazer qualquer coisa para dar prazer, e isso tem um enorme atrativo para o virginiano, cuja fantasia secreta é a de ser um castigador, daqueles que usam toda a parafernália erótica. E é claro que o pisciano terá o maior prazer em ser a "vítima"!

Peixes e Libra têm em comum o fato de serem afetuosos, sentimentais e românticos. Os problemas surgem quando o pisciano se der conta de que quer um parceiro mais dominante, que tome as iniciativas. E o libriano não é essa pessoa, de modo que, apesar de desfrutarem de longos beijos e carícias sem fim, no terreno carnal a coisa deixará a desejar.

Peixes e Escorpião possuem um incrível equilíbrio, em que o escorpiano exercerá o papel protetor e ativo, e é exatamente isso que o pisciano busca. As incríveis fantasias sexuais de Escorpião excitam Peixes, que fará com que se convertam em realidade, fazendo o signo mais temido do Zodíaco se arrepiar de prazer!

Peixes terá uma boa atração pelo arqueiro do Zodíaco. Já que o sagitariano vê o sexo como um "circo", cheio de diversão e malabarismos, o pisciano irá se divertir nessa incrível festa de prazer. Apenas sentirá falta de romantismo de seu parceiro cheio de fogo.

Uma boa dupla, a água de Peixes se mescla à sólida terra de Capricórnio, e o resultado são incríveis performances na cama.

O pisciano terá, de início, uma atração pelo irreverente aquariano. O aquariano achará divertido o estilo antiquado e romântico do pisciano, mas só no princípio. O parceiro de água achará interessante a inventiva aquariana, de modo que haverá uma boa dose de prazer. Mas assim que coneçarem a se conhecer melhor, o sexo declinará e a parceria durará pouco.

Peixes com Peixes: ambos nasceram para o dormitório e têm muito em comum. No princípio funcionará bem, mas depois de certo tempo o sexo será monótono. Por serem excessivamente passivos, acabarão por não transar, já que nenhum dos dois tomará a iniciativa.

Estilo sexual

Caráter sexual	Impulso sexual	Motivação
Fiel*	Forte	Desejo**
Volúvel***	Médio**	Amor*****
Propenso ao flerte*****	Fraco	Romance*****
Ciumento	Depende da iniciativa do parceiro*****	Aventura
		Segurança**
		Compromisso*

PRESENTE IDEAL

Uma linda embalagem com champanhe e duas taças de cristal, buquê de rosas brancas, anel de noivado, velas aromáticas em forma de coração, pulseira de prata para o tornozelo, sapato feito sob encomenda.

COR AMIGA E DE AFINIDADE: VERDE-ÁGUA

O verde é uma cor calmante, que harmoniza e equilibra. Representa as energias da natureza, da vida, esperança e perseverança. Místicos acreditam que facilita a comunicação com as plantas e os devas da natureza. Simboliza a renovação, fertilidade, crescimento e saúde. Em excesso estimula o orgulho, a presunção e a arrogância.

Verde traz paz, segurança e confiança. É indicado para todos os ambientes, mas sempre com moderação. No banheiro é aconselhável ter toalhas ou detalhes de acabamento verde vivo, pois é ali que se purifica o corpo, energizando-o.

Cor universal da natureza, atualmente está muito associada a temas ecológicos. É a cor da sustentabilidade e da ecologia.

O verde é uma cor sempre neutra e calma, que não encerra nenhum elemento de alegria, tristeza ou paixão.

O verde-claro significa contentamento e proteção.

PISCIANOS FAMOSOS

ELES

Seal, Johnny Cash, Matt Dillon, Kurt Cobain, George Harrison, Jon Bon Jovi, Bruce Willis, Daniel Craig, Justin Bieber, Albert Einstein, Billy Crystal, Spike Lee, Gabriel o Pensador, Edson Celulari, Bezerra da Silva, Alexandre Borges, Cláudio Cavalcanti, Zico, Tom Cavalcante, João Gordo, Lucio Mauro, D. Hélder Câmara, Mário Prata, Carlos Alberto de Nóbrega, João Goulart, Heitor Villa-Lobos, Glauber Rocha, Tancredo Neves, Gilberto Freyre.

ELAS

Rihanna, Sharon Stone, Eva Longoria, Glenn Close, Elizabeth Taylor, Cindy Crawford, Juliette Binoche, Ursula Andress, Nina Hagen, Ana Hickmann, Hebe Camargo, Elke Maravilha, Renata Sorrah, Sílvia Pfeifer, Regina Casé, Letícia Sabatella, Marjorie Estiano, Suzy Rego, Magic Paula, Marta Suplicy, Elis Regina, Nivea Maria, Aracy Balabanian, Lolita Rodrigues.

PERSONALIDADE DO SIGNO

Drew Barrymore
Sol em Peixes, Lua em Câncer.

Essa netuniana possui uma intensidade emocional que caracteriza seu signo. Mistura de romântica e audaciosa.
Tudo que faz é de corpo e alma, em seu trabalho jamais dá um ponto sem nó.
Possui um caráter doce, sedutor e místico, que se transforma, sem sombra de dúvida, em sua melhor arma de sedução.

MODA PEIXES

Estilo: romântico e sexy.

Descrição: pessoa muito vaidosa, que gosta de valorizar as formas do corpo. Tendência a ser egocêntrica e a gostar de passar o dia em frente ao espelho, mas ao mesmo tempo é uma pessoa prestativa e sensível. O homem acaba se transformando em um metrossexual.

Prioridades: para as mulheres, as roupas têm de ter feminilidade e sensualidade; para os homens, um charme especial, seja na linha descontração ou na sedução.

Roupas: as mulheres gostam de roupas mais decotadas, fluidas, com detalhes de brilho, babados, esvoaçantes. Os homens usam muito blazer e camisa.

Cores: suaves, verde, azul que vem do mar. Os homens gostam muito do azul, claro ou escuro, bem como da combinação sempre acertada e elegante do preto e branco.

Cabelo

A vida é um sonho, um romance é o alimento de toda pisciana. Suas madeixas devem ser longas, levemente repicadas e cacheadas na cor castanho-claro ou loiro-mel. Ama acessórios, que dão um toque de "princesa" à sua produção.

Visite nosso site e conheça estes e outros lançamentos

www.matrixeditora.com.br

MAX FACTOR
Autor: Fred E. Basten
Desenvolvendo maquiagem para o cinema mudo, depois para o cinema falado e, por fim, para os filmes em cores, Max criou looks para Katharine Hepburn, Rita Hayworth, Bette Davis e um sem-número de outras beldades da época. Em pouco tempo, as mulheres de todo lugar queriam se parecer com suas estrelas favoritas, e Factor estava lá para ajudá-las. Ele revolucionou o mundo da beleza inventando cosméticos inovadores, como cílios postiços, gloss, base, sombras, lápis para sobrancelha, corretivo, rímel com aplicador e maquiagem à prova d'água. Max Factor foi o pai da maquiagem moderna, e esta é a sua extraordinária história.

TAPETE VERMELHO
Autora: M. S. Fayes
Uma garota brasileira comum viaja para Los Angeles e acaba vivendo um conto de fadas, com direito a muita gente famosa e romance. Como ela conheceu seu "príncipe encantado"? Será que eles vão ter um final feliz? Marina narra a sua aventura de amor em detalhes nas páginas deste livro emocionante. Uma história de amor para ler e reler quantas vezes quiser!

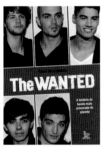

THE WANTED
Autora: Rose de Almeida
Finalmente, no Brasil, a biografia mais esperada: *The Wanted*. Saiba como tudo começou (inclusive o porquê do nome). Nesse livro você vai conhecer também um pouco da vida de cada um dos integrantes, além de curiosidades, fatos engraçados, fofocas, a rixa com a banda One Direction. E, como não poderia deixar de ser, você ainda encontra as letras de algumas das músicas que não pararam de tocar nas rádios de todo o mundo.

PSICOPATAS DO CORAÇÃO
Autora: Vanessa de Oliveira
Você encontra o homem da sua vida. Ele é educado, carinhoso, encantador, simpático e envolvente. Mas aos poucos você começa a notar fatos estranhos. Até descobrir toda a falsidade. Este livro é enriquecedor, tem uma linguagem simples e fala sobre a maldade camuflada e praticada nos relacionamentos de uma forma que você ainda não imaginou.

facebook.com/MatrixEditora